中国期货业协会期货投资者教育专项基金资助

"讲故事 学期货"金融国民教育丛书

期货的套保和套利

"讲故事 学期货"金融国民教育丛书编写组◎编

中国财经出版传媒集团
中国财政经济出版社

图书在版编目（CIP）数据

期货的套保和套利／“讲故事　学期货”金融国民教育丛书编写组编．--北京：中国财政经济出版社，2021.11（2024.5重印）
（“讲故事　学期货”金融国民教育丛书）
中国期货业协会期货投资者教育专项基金资助
ISBN 978-7-5095-7093-7

Ⅰ.①期…　Ⅱ.①讲…　Ⅲ.①期货交易-通俗读物　Ⅳ.①F830.93-49

中国版本图书馆CIP数据核字（2016）第280058号

责任编辑：胡　懿　　　　责任校对：胡永立
封面设计：田　晗　　　　版式设计：董生平

期货的套保和套利
QIHUO DE TAOBAO HE TAOLI

中国财政经济出版社 出版
URL：http：//www.cfeph.cn
E-mail：cfeph@cfeph.cn

社址：北京市海淀区阜成路甲28号　邮政编码：100142
营销中心电话：010-88191522
天猫网店：中国财政经济出版社旗舰店
网址：https：//zgczjjcbs.tmall.com
中煤（北京）印务有限公司印刷　各地新华书店经销
成品尺寸：186mm×210mm　24开　5.75印张　115 000字
2021年11月第1版　2024年5月北京第3次印刷
定价：26.00元
ISBN 978-7-5095-7093-7
（图书出现印装问题，本社负责调换，电话：010-88190548）
本社质量投诉电话：010-88190744
打击盗版举报热线：010-88191661　QQ：2242791300

前　言

近年来，我国期货市场运行质量不断提高，价格发现和风险管理的基础功能得到发挥，在优化资源配置、促进产业升级、提升经济运行效率、维护国家经济金融安全等方面发挥着越来越重要的作用。在新品种不断推出、新业务持续发展、国际化进程稳步推进的大背景下，不仅机构客户、产业链企业、高净值人群由于规避价格波动风险的迫切需要，将期货这一对冲工具放入资产配置的篮子之中，以期平衡资产收支、实现财富管理目标，一些中小投资者也被价格波动带来的投资机会吸引，成为市场的参与者和流动性的贡献者。

我国投资者群体普遍缺乏系统的金融知识教育，风险识别能力和风险承受能力不高，容易产生投资过程中的非理性行为，不仅造成自身的财务风险，也给市场稳定和金融安全造成隐患。从世界范围来看，随着各国金融消费规模的不断增加和金融创新的快速发展，金融商品或服务日益复杂化，金融知识教育作为对消费者的一种预防性保护，得到了越来越多国家的重视和强化。期货及期权合约的杠杆性、复杂性和投机性，决定了其“高风险、高收益”的特点，将期货知识纳入金融国民教育体系，是一项具有行业前瞻性的工作。

根据国务院办公厅《关于进一步加强资本市场中小投资者合法权益保护工作意见》（国办发〔2013〕110号）的有关要求，在中国证监会、教育部联合印发的《关于加强证券期货知识普及教育的合作备忘录》的指导下，期货行业在落实“加大普及证券期货知识力度”“将投资者教育逐步纳入国民教育体系”方面开展了多种探索和实践。由中国期货业协会期货投资者教育专项基金资助编写的《“讲故事　学期货”金融国民教育丛书》就是将复杂的金融知识以尽可能通俗易懂的方式向公众传播的有益尝试。丛书作为系统介绍我国期货市场的基础性教育普及读物，以广大普通投资者为服务对象，满足对期货市场缺乏了解的个人或企业的需求。丛书在编写上突出“讲故事　学期货”的特色，在编写形式上多引用案例故事，形式活泼；在语言上通俗易懂，可读性强；在内容上以“风险教育”为主线，深入浅出，不仅对期货市场的起源发展、交易方法、交易品种等基本知识进行了讲解，而且对期货市场的组织架构、法律法规、风险监管等环节也进行了全方位解读；还考虑到期货行业未来的发展趋势，对期权、场外衍生品等投资者感兴趣的话题作了前瞻性介绍。

衷心希望本套丛书的出版能够为期货投资者了解期货市场、树立风险意识、理性参与期货交易提供有益的帮助。

“讲故事　学期货”金融国民教育丛书编写组

2021 年 10 月

目　录

套期保值篇

套期保值篇

期货市场之所以具有经济意义而且长盛不衰，其主要原因是期货市场向生产者和经营者提供了套期保值机会。生产者和经营者通过套期保值交易，将现货价格风险转移给投机者，从而实现稳定经营。本篇对套期保值的原理、方法及操作实务进行介绍。

一、价格风险，一个全社会面临的难题

市场经济中，价格波动是极其正常的。只要生活在这个社会中，无论是靠工薪为生的平头百姓，还是以生产贸易为业的大型企业，都无法逃脱价格波动带来的影响。

1. 多收了三五斗

万盛米行的河埠头，横七竖八停泊着乡村里出来的敞口船。船里装载的是新米，把船身压得很低……“糙米五块，谷三块，”米行里的先生有气没力地回答他们。

“什么!”旧毡帽朋友几乎不相信自己的耳朵。美满的希望突然一沉，一会儿大家都呆了。

“在六月里，你们不是卖十三块么?”

“十五块也卖过，不要说十三块。”

“哪里有跌得这样利害的!”

“现在是什么时候，你们不知道么?各处的米象潮水一般涌来，过几天还要跌呢!”

……

“五块钱一担，真是碰见了鬼!”

“去年是水灾，收成不好，亏本。今年算是好年时，收成好，还是亏本!”

“今年亏本比去年都厉害；去年还粜七块半呢。”

……

细心的读者一看就知道，这是摘自叶圣陶先生的短篇小说《多收了三五斗》。面对“跳水”的粮价，农民的无奈和悲苦，叶圣陶描绘的可真是淋漓尽致!

粮价跳水，“谷贱伤农”，这是千年的难题!新中国成立后，计划经济时代，粮食实行“统购统销”政策，粮价倒是锁定了，持久的低价统购政策却挫伤了农民的种粮积极性。改革开放后逐步进入市场经济时代，农民的种粮积极性空前高涨，但粮食连年丰产之后，又出现了卖粮难、打白条的现象，归根结底还是“谷贱伤农”。为了确保农民丰产丰收，国家几乎每年都出台农产品“保护价政策”“敞开收购政策”。但是，这么一来也会生出另外一些弊端。首先，国家动用大量资金托底收购，当供大于求时，国有粮库粮食堆积如山、腐烂霉变，必然导致国家财政负担越来越重。其次，当国内市场价格高于国际市场价时，进口商出于营利目的，优先从国外大量采购低价粮食，甚至不惜违法走私，国内粮食市场被进口粮食挤占，加大国有粮库的损失。

最后，国内外巨大的差价也会导致粮食加工企业因原材料价格高企而经营困难。为此，国家2016年起实行了一系列粮食收购改革措施，除小麦和稻谷外，其他粮食品种由过去的保护价收购改为对种粮农民进行直补。实施这一政策的好处在于，既保护了农民种地的积极性，又使粮食价格可以随行就市，但粮价随行就市之后，农民将直面市场价格的波动风险，如果不能避免价格风险，则“多收了三五斗”的困境仍会不时出现。

2015年11月5日，《中国青年报》发表了一篇“河南滑县农民增产不增收现象调查”的报道：

“现在价格太低了，想等一等再卖。”河南省滑县农户马正如说，玉米今年又是丰收年，本来是个喜悦的事，然而，马正如怎么也高兴不起来。

去年，马正如在当地流转了100多亩地，买了播种机、收割机等农用机具，开始种粮食。“一下子就赔了好几万元”，他对自己的错误预判懊悔不已。

据了解，今年河南省大部分地区新玉米的收购价格为每斤0.8元左右。而去年同期，新玉米的收购价格基本在每斤1.05元以上。

今年，“河南产粮第一县”滑县小麦种植面积172.32万亩，比去年增加0.54万亩；平均单产1 037.6斤，比去年增长3.4%；总产89.4万吨，比去年增长3.7%。秋粮种植面积111万亩，比去年增加2.4万亩，其中，玉米种植面积107.8万亩，比去年增加3.1万亩。全年粮食单产、总产有望再创新高。但增产并不意味着增收，很多种粮大户遭遇到马正如一样的困境。卖粮难导致连锁反应，现在不仅是种粮大户难以为继，就连一些粮食经纪人、农资经销商也受到影响。

“没有地方盛放粮食，万一发霉了，就更廉价了。”马正如打算先低价出售一部分，把购买农资和租金的欠款还清，然后驱车前往滑县农业局等相关单位，向专家请教种植信息，摸索市场行情。

……

马正如打算土地合同到期后，就不再续约。“现在看种粮太冒险了。”马正如说。“明年到底该种点啥?”这成了摆在马正如这些种粮大户面前的难题。

受粮价下跌影响，滑县老店镇最大的粮食收购点负责人耿瑞昌感叹：“生意越来越不好做。”

“目前还有2 000吨库存，去年每斤1.2元收购的玉米还囤着呢!”干了十几年粮食收购的耿瑞昌直挠头，“今年来卖粮的基本都是着急用钱，手头不紧的都在观望，农民不敢卖，我们不敢收”。

耿瑞昌认为今年粮价大跌主要是受消费端影响。耿瑞昌说，全国60%以上的玉米作为饲料使用，然而，从2012年起到2015年初，生猪价格一直处于超跌区域，打击了养殖业生产，这对玉米消费构成较大的市场压力。耿瑞昌坦言，每年新玉米收获之时，往往会伴随着价格走弱，但是今年的行情和跌幅之大确实没料到。

……

“谷贱伤农”，如果农民少种粮食多种经济作物会如何?滑县有关方面负责人认为，滑县作为中原经济区粮食生产核心区、中国小麦第一县、河南省产粮第一大县，保障国家粮食安全责任重大。滑县农业局的工作人员也表示：“多种其他经济作物的市场风险不能忽视。”

“效益高，市场风险也大”，滑县种粮大户齐建斌说，“‘该种啥’是需要掂量的问题”。

5年前齐建斌看中了土地流转的机遇，一举流转了近2 000亩土地。这些地主要种植大蒜和南瓜，除了满足加工厂需求，还销往山东、开封等地。

“种地是一门大学问”，下一步，齐建斌也打算增加种植的种类，“不能把鸡蛋放一个篮子里”。

滑县农业局种植业股股长郑磊告诉记者，相对而言，虽然种植小杂粮或经济作物的效益较高，但是它不像小麦、玉米那样有国家托市收购，价格完全由市场调节，因此价格波动、市场风险会更大。

“有农户反映，前年种植大葱赶上了好行情，价格达到每斤 1.8 元，每亩净赚万把块钱。去年滑县城关镇大林头村、张固村和老店镇前小庄村农民种植的 1 000 多亩大葱喜获丰收，可外销价格每斤只有 0.35 元，只有前年的五分之一。”郑磊说。

2013—2020 年大商所玉米期货月 K 线如图 1 所示。

图 1　2013—2020 年大商所玉米期货价格月 K 线图

2. 油价涨，百业愁；油价跌，有人哭

众所周知，石油是现代社会正常运转不可缺少的资源，它不仅是最主要的能源来源，而且是众多化工产品的重要原材料。石油产业不仅规模巨大，而且产业链非常长。正因如此，处于产业链最上游的石油的价格一旦变动，势必牵一发而动全身，导致下游产业的价格波动，尤其是当价格大幅度上升时，各行各业都会深受其害，严重的甚至导致倒闭潮。

1973 年 10 月 6 日，埃及和叙利亚等 12 个阿拉伯国家向以色列发动“斋月战争”，引爆第四次中东战争。战争爆发当天，叙利亚首先切断了一条输油管，黎巴嫩也关闭了其南部重要的石油输送港口西顿。10月7日，伊拉克宣布将伊拉克石油公司所属巴士拉石油公司中美国埃克森和莫比尔两家公司联合拥有的股份收归国有。10月16日，科威特、伊拉克、沙特阿拉伯、卡塔尔、阿拉伯联合酋长国和伊朗决定，将海湾地区的原油市场价格提高17%。国际石油市场一片恐慌，标志着第一次石油危机的开始。10月17日，阿尔及利亚等10国参加的阿拉伯石油输出国组织部长级会议宣布，立即减少石油产量，决定以9月份各成员国的产量为基础，石油产量每月递减5%；对于美国等国家的石油供应，逐月减少5%。10月18日，阿拉伯联合酋长国中的阿布扎比酋长国决定完全停止向美国输出石油。接着利比亚、卡塔尔、沙特阿拉伯、阿尔及利亚、科威特、巴林等阿拉伯主要石油生产国也都先后宣布中断向美国出口石油。进入12月，欧佩克组织中的阿拉伯成员国宣布收回原油标价权，并将其基准原油价格从每桶3.011美元提高到10.651美元。

阿拉伯国家的石油武器沉重打击了严重依赖石油的世界经济。当时，美国每天的石油进口减少了200万桶，许多工厂停工。正在受到能源危机困扰的美国政府不得不宣布全国处于“紧急状态”，并采取了一系列节省石油和电力的紧急措施，其中包括：减少班机航次，限制车速，对取暖用油实行配给，星期天关闭全国加油站，禁止和限制户外灯光广告等，甚至连白宫顶上和联合国大厦周围的电灯也限时关闭。尼克松总统还下令降低总统专机飞行的正常速度，取消了周末旅行的护航飞机。美国国会则通过法案，授权总统对所有石油产品实行全国配给。美国国防部的正常石油供应几乎有一半中断，美国在欧洲的驻军和地中海的第六舰队不得不动用它们的战时石油储备。

在这场危机中，美国的工业生产下降了14%，日本工业生产下降了20%以上，所有工业化国家的生产力增长都明显放慢。

1978年12月，伊朗发生推翻巴列维王朝的革命，从1978年底至1979年3月初，伊朗停止输出石油60天。1980年9月22日，“两伊战争”爆发，两国石油生产完全停顿，终于使油价创下每桶41美元的纪录，酿成第二次石油危机。尚未从第一次石油危机造成的经济危机中恢复元气的世界经济再一次陷入大规模的严重经济危机。

第二次石油危机使石油价格从最初的每桶 3 美元飙升至每桶 41 美元，涨幅高达 1260%，烈度之迅猛前所未有，世界经济被冲得人仰马翻，远远超出了百业萧条的范畴。在如此巨大的冲击下，主要经济体国家也被迫做出一系列战略性调整。其一为加快新油田的勘探开发，在各国积极开发油源情况下，非欧佩克国家的原油产量在 1982 年开始超过欧佩克组织；其二是促进节能与环保产业的发展；其三为开始逐步建立战略性石油储备；其四值得一提的是，1974 年，纽约商业交易所（NYMEX）开始尝试推出相关的石油期货产品，给市场提供对冲工具。

如果说石油涨价百业愁，那么是不是石油跌了就皆大欢喜呢？实际情况并非如此。想一想众多的石油开采和加工企业，想一想一些财政收入高度依赖石油输出的国家，一旦石油价格下跌，尤其是大幅度下跌时会面临什么样的结局就不难明白。

2020 年，新冠肺炎病毒造成全球航空、海运大部分停运，汽车出行量锐减，石油加工企业也有不少停产，造成石油需求暴跌，沙特和俄罗斯的降价大战将这一情况变得更加雪上加霜。4 月 20 日，纽约原油期货 5 月合约的交割价格破天荒跌至负 37.63 美元/桶。据报道，美国页岩油开采成本为 40—50 美元/桶，北达科他州的顶级原油商怀廷于 4 月 2 日申请破产保护，还有几十个中小页岩油商接踵而来。美国研究机构 Rystad Energy 估计：若价格持续在 20 美元/桶附近，2020 年将有超过 700 亿美元的页岩油债务等待破产重组，2021 年这一数额上升为 1 770 亿美元。但是，1 770 亿美元只包含了生产和勘探页岩油的企业，如果把围绕页岩油的服务公司都加进来，破产债务总额将高达 5 000 亿美元以上，如此可以预计 2021 年底前将有 533 家石油勘探和生产公司申请破产。

3. 汇率涨跌，几家欢喜几家愁

2020 年 5 月 29 日，人民币兑美元汇率中间价为 7.1316，而 11 月 19 日为 6.5484，短短近 6 个月时间，人民币兑美元汇率中间价升值了 5832 个基点。

从 7.1316 到 6.5484，如果换汇 1 万美元，当时需要 7.1316 万元人民币，今天则只需 6.5484 万元人民币，可以省下 5 832 元。

人民币升值了，高兴的人真不少。

计划出国旅游的人发现，报名参团的价格大幅降低，而且食宿档次提高了，从性价比看，甚至比国内游还划算。一股个人境外旅游热潮悄然掀起。比如，刚从欧洲游玩归来的王小姐在微信上告诉大家，因为人民币升值，相比年初 8.5772 的人民币兑欧元中间价，她去时正好赶上汇兑低点 8.0655，同样消费 1 万欧元，可以节省人民币 5 117 元，捡了大便宜！留学生们的家长发现，人民币升值后，需要支付给子女的留学费用比往年节约了不少。王女士的孩子 2019 年 8 月份出国留学，当时人民币兑美元的中间价为 7.10，看到汇率一路贬值，难免心里发慌，于是出手兑换了 5 万美元，用了 35.5 万元人民币，2020 年末回头一看，中间价 6.55，两相比较，换汇成本高出了 3 万多元，想起来就懊悔不已。喜欢海淘购物的人士发现，人民币升值后，海淘的成本也降低了。2007 年 12 月，100 元人民币可以换 12 500 韩元，然而，接下来的金融危机，韩元大贬值，2009 年 3 月，100 元人民币居然可以换 22 500 韩元，一款原先需要支出人民币 5 000 多元的韩国化妆品，现在居然只要 2 500 元（见图 2）。

人民币升值后，即使那些没有出境旅游购物的居民也会慢慢发现，国内的商品价格也在下降，一些直接进口的消费品价格因进口成本下降而下降，而其他商品由于生产所需的进口原材料价格下降，价格也随之下降。这种现象经济学上通常称为输入性通缩。

人民币升值后，一些原先在境外融资的企业或公司也很高兴，因为他们

图 2　2008 年金融危机时期人民币兑韩元汇率月 K 线走势

的债务无形中减少了。比如国内某企业在汇率为 1 美元兑 7 元人民币时在境外融资 1 亿美元，意味着负债 7 亿元人民币，当汇率变动为 1 美元兑 6 元时，意味着负债 6 亿元人民币，凭空减少了 1 亿元人民币的债务，能不高兴吗?

那么人民币升值后是不是一定导致皆大欢喜局面呢，那是不可能的!

比如，某出口企业在汇率 1 美元兑 7 元人民币时有一笔出口业务，合同金额为 100 万美元，但 3 个月后对方支付 100 万美元时汇率升至 6.5 元了，意味着现在只能换回 650 万元人民币，比原先预期的 700 万元少了 50 万元，如果这笔业务原先的预期利润是 40 万元人民币，现在一算反倒亏了 10 万元。该企业悔不当初，如果当初在汇率为 7 时通过银行做一个远期结汇，提前锁定汇率，就可以避免现在的尴尬局面，其代价不过是付出一点手续费而已，但现在只能“哭晕在厕所里”了。

实际上，该企业现在还面临着另一个难题，当对方企业又发来订单，报价还是100万美元时怎么办？该企业知道，按现在的汇率，如果接单意味着亏损10万元，于是要求价格上涨5万美元，但对方不接受，且提出若价格上涨就会将订单转至其他国家。最终，该企业考虑到若不接单出现停工将导致更大损失，还是继续生产。可以想到，如果人民币继续升值，到了企业无法忍耐时，就只能放弃了。

对出口企业而言，如果所生产的产品在核心竞争力上具有一定的优势，可以自主定价，适度提价时境外市场不会做出强烈反应，那人民币升值的影响可能较小，而对那些在国际上竞争比较充分且对价格比较敏感的产品而言，人民币升值的不利影响是难以回避的。

尽管对国内消费者而言，本币升值可以获得实惠，一时间会感觉“非常爽”，但如果长久持续升值，国内经济会遭受极大伤害，最终受到损伤的还是全体国民，包括绝大部分消费者——因为本币升值会导致进口总量增加，同时也会导致出口总量减少，两方面共同作用的结果将使贸易收支恶化，本国收入减少，物价水平降低。当年日本在美国逼迫下签订了广场协定，日元大幅升值终达两倍之多，日本在度过了一段狂欢时刻后终于发现，出口竞争力备受打击，经济开始一蹶不振，堪称本币升值导致恶果的一个典型例子。

本币升值有好有坏，那么本币贬值呢？自然也是有坏有好。本币贬值与本币升值就像镜像反射一样，本币贬值后国外的商品及服务贵了，降低了消费者的消费水平，但对出口企业却有利好作用，不过对欠有外债的企业又是是一个噩耗，对此大家可以自行“脑补”，这里不再作具体分析。值得指出的一点是，如果短时期内本币大幅贬值，绝对不是好事，比如1998年及2008年的金融危机，东南亚国家的货币急剧贬值，资本大量出逃，货币急剧贬值本身就是金融危机的典型指标。

【小贴士】广场协议

20世纪80年代初期，美国财政赤字剧增，对外贸易逆差大幅增长。美国希望通过美元贬值来增加产品的出口竞争力，以改善美国国际收支不平衡状况。1985年9月22日，美国、日本、联邦德国、法国以及英国的财政部长和中央银行行长在纽约广场饭店举行会议，达成五国政府联合干预外汇市场，诱导美元对主要货币的汇率有秩序地贬值，以解决美国巨额贸易赤字问题的协议，史称“广场协议”）。

“广场协议”签订后，上述五国开始联合干预外汇市场，在国际外汇市场大量抛售美元，继而形成市场投资者的抛售狂潮，导致美元持续大幅贬值。在这之后，以美国财政部长贝克为首的美国政府和以弗日德·伯格斯藤（Fred Bergsten，当时的美国国际经济研究所所长）为代表的专家不断地对美元进行口头干预，表示当时的美元汇率水平仍然偏高，还有下跌空间。在美国政府强硬态度的暗示下，美元对日元汇率继续大幅度下跌。“广场协议”揭开了日元急速升值的序幕。1985年9月，汇率在1美元兑250日元上下波动，在“广场协议”生效后不到3个月的时间里，日元快速升值到1美元兑200日元附近，升幅20%。1986年底，1美元兑152日元，1987年最高达到1美元兑120日元。从日元兑美元名义汇率看，1985年2月至1988年11月，日元升值111%；1990年4月至1995年4月，升值89%；1998年8月至1999年12月，升值41%。从日元实际有效汇率看，1985年第一季度至1988年第一季度，日元升值54%；1990年第二季度至1995年第二季度，升值51%；1998年第三季度至1999年第四季度，升值28%。

20世纪80年代中后期开始，随着经济泡沫的破灭，日本陷入长达10年的经济停滞，即“失落的十年”（The Lost Decade）。纵观日本经济近30年的发展，1985年的广场协议就是一个转折点。有分析指出，广场协议后，受日元升值影响，日本出口竞争力备受打击，经济一蹶不振持续了十几年。甚至在经济学界，有相当一部分人认为，广场协议是美国为整垮日本而布下的一个惊天阴谋。

4. 风急浪高，何处寻找避风港

企业经营，最基本的表现就是有“进”有“出”。“进”是指企业付出成本，如买进原材料等；“出”是指出售生产的产品。企业按照低进高出原则组织生产或进行贸易，从中获取利润。然而，这“进”“出”的价格却由不得企业作主。如果原材料价格大幅上涨，成本迅速上升，企业的利润就会明显下降，甚至亏损。那么，能不能通过提升销售价格来弥补呢？很难。因为同行业竞争的存在，人家不提价而你提价，等于把自己的市场份额让给人家。另一种情况是，即使原材料价格没有上涨，但由于竞争或供大于求的局面出现，产品价格发生大幅下跌，也给企业带来麻烦。

当然，企业也可能在价格波动中获得意外之喜。比如，原材料价格大幅下跌而产品价格没怎么变动，企业因为成本降低而得到更多的利润；另一种情况是原材料价格变动不大，但由于生产的产品处于供不应求状态而导致价格上涨，企业利润大大提高。

所谓风险，实际上就是指不确定性。一旦不确定性中不利于企业的一面发生，轻则导致损失，重则甚至可能导致企业倒闭。实际上，企业运作的风险不仅仅局限于上面论及的原材料价格风险及产品价格风险，比如对出口企业而言，很可能这两个风险都处理得很好的情况下，突如其来的汇率风险又使他们遭受额外打击。显然，如何回避种种价格风险，保障企业稳健经营成为经营决策者时刻关注的头等大事。

价格风险是客观存在的，企业家为了对付价格风险，也动了不少脑筋。比如，生产企业担心价格上涨，多采购一些原材料作为储备，或者采取与供货方预订合同的方式将价格“定死”。又如，企业担心产品价格下跌，也可以通过预订合同方式将价格“定死”，有的甚至只按照合同生产，即合同数量是多少就生产多少。但是，这些方式都有一定的局限性。比如，多采购原材料作为储备，需要沉淀大量的资金，还要占用大量的仓库，仔细算下来成本不低。采用合同方式敲定价格固然有好处，但一方面存在着对方会不会违约的问题，另一方面，在价格波动较大的时候，很难找到合适的合同对家。因此，这些办法尽管有一定的可用之处，但仍不能解决普遍性的问题。

然而，期货市场出现以后，企业在交易实践中发现：尽管该市场只是个虚拟市场，但由于与现货市场并行，并且规避了远期合同中的诸多缺陷，实实在在地起到了避风港的作用。那么，为什么期货市场可以成为企业经营的避风港呢？那是因为：

首先，期货市场是远期市场，期货市场的价格是远期价格，这正好符合企业的需要，因为现货价格大家都看得见，大家都知道。企业最担心的就是未来价格的不确定性。期货交易的特点是，在交割之前不发生实物流动，企业不用担心在此之前占用大量资金及仓库的难题。企业如担心价格上涨，可以提前买，如担心价格下跌，可以提前卖。

其次，期货市场的流动性相当大，不用担心在现货市场中经常出现的找不到对手的难题。在期货市场中，只要企业认为价格合适，不用管对方是谁，对方的信用如何，可以迅速成交，实现自己提前敲定价格的目的。

再次，期货市场的信用度极高，因为有交易所做担保，企业不用考虑对手违约的问题。

最后，期货市场的交易方式更灵活。企业签订现货远期合同后，一旦中途有变化，需要中止合同就非常麻烦，弄得不好就得支付一笔违约金。但是，在期货市场中，由于是标准合约交易，就可以很方便地随时进行平仓。

二、套期保值基本原理及常规方法

1. 套期保值的名称、分类及有效性

“套期保值”是从英语“Hedge”翻译过来的。Hedge 的本来意思是“对冲”。“对冲”的含义极其广泛，可以用在不同的场合。当你拥有资产甲，面临贬值风险时，如果卖出另一种资产乙，只要资产乙与资产甲之间具有正相关关系，就可称为“对冲”。资产甲贬值时会遭受损失，但由于资产乙也贬值，卖出资产乙就会有收益；资产甲升值时会有收益，但由于资产乙也升值，卖出资产乙就会有亏损。这样，一买一卖就形成了亏损与收益的对冲关系。比如，买进现货的同时卖出同品种的期货，这就形成对冲关系；买进某一月份期货的同时卖出同品种的另一个月份的期货（国内常称为跨月套利），也形成对冲关系。如果两种不同资产之间具有负相关关系，则同时买进两种资产也形成对冲关系；同时卖出两种资产同样构成对冲关系。

对冲可以将价格基本锁定，从而免除了价格波动导致的重大风险损失。正是在这个意义上，人们才把对冲工具称为避险工具。

在我国，通常已习惯将期货与现货之间的对冲译成套期保值，换言之，套期保值已成为“期货与现货”对冲的特称了。值得注意的是，期货与现货之间的对冲不全是套期保值，还有一种称为“期现套利”（Arbitrage）交易方式的，也在期货与现货之间进行交易，两者在形式上差不多，但目的并不一样。

套期保值可以按照买进、卖出进行分类。所谓买进套期保值，是指现货商因为担心价格上涨而在期货市场上买入期货，目的是锁定买入价格。比如，某一出口商已经与对方签订了一笔 3 个月后交货的合同，按照现行价格，可

说是利润颇丰。他在准备履行合同时有两种做法：一是现在就在市场上买进现货，储存起来，3个月后予以交付。但是，这样做不仅需提前支付货款，并且还得支付仓储费和保险费；另一种做法是临近交付时再在市场上买进，但这样做有很大风险。一旦3个月后价格上涨，买货交割很可能导致这笔本来可以获利的业务变成亏损。怎么办呢？一种可取的办法就是在期货市场上预先买进，由于这时的期货价与现货价差不多，买进期货后，实际上就是将3个月之后的采购成本锁定了。

卖出套期保值是指现货商因为担心价格下跌而在期货市场上卖出期货，目的是锁定卖出价格。比如，大农场在种植农作物时，会对种植成本进行测算，并参照现行价格推算可得利润。由于未来售价是不确定的，一旦到时价格下跌，损失就难免了。由于这时的期货价与现货价差不多，卖出期货，实际上就是将未来产品的销售价提前锁定了。

为什么利用期货市场可以有效规避现货市场风险？这与期、现价格之间的基本关系有关。期、现价格之间有两个基本特点：一是同种商品的期货价格走势与现货价格走势一致；二是期、现价格随着期货合约到期日的临近，两者趋向一致，即具有收敛倾向。别小看这两个特点，正是这两个特点维系着套期保值的有效性，使得套期保值者可以放心地进入期货市场并利用期货市场实现自己的避险目的。反过来，我们也可以将这两个特点作为标准来检验某个特定的期货市场是否是规范运作的，以及是否是健康的。

现货市场与期货市场虽然是两个各自独立的市场，但因某一特定商品的期货价格和现货价格在同一市场环境内会受到相同经济因素的影响和制约，故一般情况下两个市场的价格变动趋势应该相同。

在商品期货交易中，一般都规定合约到期时必须进行实物交割。到交割时，如果期货价格和现货价格不同，例如期货价格高于现货价格，就会有套利者买入低价现货，卖出高价期货，以低价买入的现货在期货市场上高价抛出，在无风险的情况下实现盈利。反之，如果期货价格低于现货价格，需要该商品的现货商会在期货市场上低价买进，或者作为自用，或者在现货市场高价卖出。在理论意义上，这种套利交易最终会使期货价格和现货价格趋向一致。在金融期货交易中，有采用现金交割方式的，交割价的确定是以现货价为基准的，等于是强迫期货价与现货价收敛。正是这些交割制度，保证了现货市场与期货市场价格随期货合约到期日临近而趋向一致。

图 3 为沪深 300 股指期货 2020 年 12 月合约与沪深 300 现货指数日收盘价示意（2020 年 9 月 18 日至最后交易日的 12 月 18 日）。从图中可见，两者趋势相同且最终几乎合而为一。

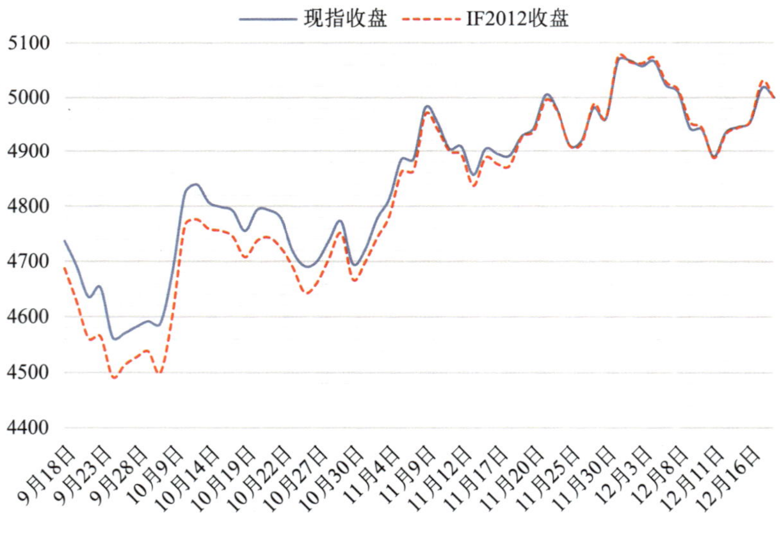

图 3　沪深 300 期指 2012 合约与现货指数日收盘价

2. 买入套期保值

案例1

广东某铝型材厂的主要原料是铝锭，某年3月铝锭的现货价格为12 900元/吨，该厂计划在两个月后购进600吨铝锭。由于担心届时价格上涨而提升成本，决定进行买入套期保值。3月初以13 200元/吨的价格买入600吨5月份到期的铝锭期货合约。5月初，铝锭现货价已上涨至15 000元/吨，而此时期货价格也涨至15 200元/吨。于是，该铝型厂以15 000元/吨的价格在现货市场上购进了600吨铝锭，同时在期货市场上以15 200元/吨的价格卖出平仓。其最终的盈亏平衡情况如表1所示。

表1　　买进套保盈亏平衡表（1）

时间＼市场	现货市场	期货市场
3月初	现货市场价格为13 000元/吨，计划在两个月后买入600吨	以13 200元/吨的价格买进600吨5月份到期的铝锭期货合约
5月初	在现货市场上以15 000元/吨的价格买入600吨铝锭	以15 200元/吨的价格将原来买进600吨5月份到期的合约平仓卖出
结果	5月初买入现货比3月初多支付2 000元/吨的成本	期货对冲盈利2 000元/吨

可见，该铝型材厂在过了2个月后以15 000元/吨的价格购进铝锭，比先前3月初买进铝锭多支付了2 000元/吨的成本。但是，由于做了买进套期保值，在期货交易中盈利了2 000元/吨的利润，用以弥补现货市场购进时多付出的价格成本，其实际购进铝锭的价格仍然是13 000元/吨。

假如5月初铝锭的价格不涨反跌，现货、期货都下跌了500元/吨，则最终的盈亏平衡情况如表2所示。

表2　　买进套保盈亏平衡表（2）

市场 时间	现货市场	期货市场
3月初	铝锭现货价为13 000元/吨，计划在两个月后买入600吨	以13 200元/吨的价格买进600吨5月份到期的铝锭期货合约
5月初	在现货市场上以12 500元/吨的价格购入600吨铝锭	以12 700元/吨的价格将原来买进600吨5月到期合约平仓卖出
结果	5月初买入铝锭比3月初买入的少支付500元/吨的成本	期货对冲亏损500元/吨

可见，该铝型厂在2个月后买入铝锭比3月初买入少支付了500元/吨，但由于在期货市场上做了买入保值，期货市场亏损了500元/吨，该铝型材厂铝锭的实际进价成本仍然为13 000元/吨，即用现货市场上少支付的500元/吨弥补了期货市场上亏损的500元/吨。

该厂所作的买入套期保值，实际上起到的作用就是将进价成本锁定在3月初认可的13 000元/吨。

买入套期保值的优点和代价

买入套期保值的优点

● 回避价格上涨所带来的风险。如在上例中，铝型材厂通过买入保值，用期货市场上的盈利弥补了现货市场上多支付的成本，回避了价格上涨的风险。

● 提高了企业资金的使用效率。期货交易是一种保证金交易，因此只用少量的资金就可以控制大批货物，加快了资金的周转速度。根据交易所5%交易保证金的要求，在上例中，该铝型材厂只需运用396 000元，即13 200×

600×5% 即可达成交易，即使加上 5% 的资金作为抗风险资金，其余 90% 的资金在 2 个月内可加速周转，不仅减少了资金占用成本，还节约了仓储费、保险费用和损耗。

● 能够促使现货合同早日签订。如在上例中，面对铝锭价格上涨的趋势，供货方一般不会愿意按照 3 月初的现货价格签订 5 月份供货合同，而是希望能够签订活价供货合同，即成交价格按照到期的现货市场价格。如果买方做了买入套期保值，就可放心地签订活价供货合同，因为即使价格真的上去了，买货方也可以用期货市场的盈利弥补现货多支付的成本。

买入套期保值的代价

● 买入套期保值付出的代价是：一旦采取了套期保值策略，即失去了价格下跌可得到的好处。也就是说，在回避对己不利的价格风险的同时，也放弃了因价格可能出现的对己有利的机会。比如，在上例中，如果铝锭价格下跌，该厂的买入套期保值出现亏损，尽管现货市场少支付的成本可以弥补期货市场的亏损，但与没有进行套期保值的企业相比，进货成本反而高了。

买入套期保值的适用对象及范围

买入套期保值适用对象为：准备在将来某一时间内必须购进某种商品时价格仍能维持在目前认可的水平的商品购买者。因为他们最大的担心是当实际买入现货商品时价格上涨。买入套期保值一般可运用于如下一些领域：

● 加工制造企业为了避免日后购进原料时价格上涨。如铝型材厂担心日后购进铝锭时价格上涨，用铜企业担心日后电解铜的价格上涨，饲料厂担心玉米、豆粕的价格上涨，等等。

● 供货方已经跟需求方签订好现货供货合同，将来交货，但供货方此时尚未购进货源，担心日后购进货源时价格上涨。如某一进出口公司 5 月底跟外商签订了合同。约定 8 月底给外商提供 3 000 吨优质小麦，价格为 1 200 元/吨，5 月底小麦的现货价格为 1 120 元/吨，预计将有 80 元/吨的利润，但由于货款或库存方面的原因，跟外商签订合同时尚未购进小麦，因为担心 8 月初到现货市场购进小麦时小麦价格上涨，造成利润减少或亏损。

• 需求方认为目前现货市场的价格很合适，但由于目前资金不足或者仓库已满等原因，不能立即买进现货，又担心日后购进时价格上涨，稳妥的办法是进行买期保值。

3. 卖出套期保值

案例2

白糖生产销售具有“榨季生产，全年销售”的特点。在9月榨季和年底时，现货价格波动幅度较大，榨糖企业面临较大的生产经营压力。为此，某糖业集团多次利用白糖期货进行套期保值。进入10月榨季，白糖现货价格上涨到5 400元/吨。面对糖价的上涨，该制糖企业对后期价格能否维持在当前高位感到疑虑，决定利用期货市场锁定销售利润。于是以5 600元/吨的价格卖出5 000吨来年1月到期的白糖期货合约。

假定来年1月白糖现货价格果然下跌到了5 100元/吨，白糖期货合约也跌至5 200元/吨。此时，该企业按照当时的现货价格卖出5 000吨白糖，同时将期货空头持仓买入平仓，结束套期保值，则最终的盈亏平衡情况如表3所示。

表3　卖出套保盈亏平衡表（1）

时间＼市场	现货市场	期货市场
10月初	现货市场价格为5 400元/吨，计划在3个月后卖出5 000吨	以5 600元/吨的价格卖出5 000吨1月到期的白糖期货合约
1月初	在现货市场上以5 100元/吨的价格卖出5 000吨白糖	以5 200元/吨的价格将原来卖出5 000吨1月到期的合约平仓卖出
结果	1月初卖出现货价比10月初降低了300元/吨	期货盈利400元/吨

可见，尽管来年1月白糖价格下跌了，但由于企业进行了卖出套期保值操作，实际销售白糖的价格却比10月初的5 400元/吨还要高出100元/吨，不仅完全规避了白糖价格下跌的风险，利润还有增加。如果不进行套期保值，该企业将遭受每吨白糖销售下降300元的利润损失。

假如来年1月份白糖现货价格不跌反涨到了5 600元/吨，期货合约也涨至5 720元/吨。此时，该企业按照当时的现货价格卖出5 000吨白糖，同时将期货空头持仓全部买入平仓，结束套期保值，则最终的盈亏平衡情况如表4所示。

表4　卖出套保盈亏平衡表（2）

时间＼市场	现货市场	期货市场
10月初	现货市场价格为5 400元/吨，计划在3个月后卖出5 000吨	以5 600元/吨的价格卖出5 000吨1月到期的白糖期货合约
1月初	在现货市场上以5 600元/吨的价格卖出5 000吨白糖	以5 720元/吨的价格将原来卖出5 000吨1月到期的合约平仓卖出
结果	1月初卖出现货价比10月初提高了200元/吨	期货亏损120元/吨

该糖业集团在3个月后销售白糖比10月销售白糖多获得了200元/吨的利润，但由于在期货市场上做了卖出套期保值，期货市场亏损了120元/吨。因此，该糖业集团的实际销售价为5 480元/吨，尽管卖出套期保值后比不做套期保值价格下跌了120元/吨，但如果还原初心，当初套期保值的目的就是将销售价格锁定在10月初认可的5 400元/吨，现在为5 480元/吨，情况好于预期，并不算吃亏。

卖出套期保值的优点和代价

卖出套期保值的优点

- 卖出套期保值能够回避未来现货价格下跌的风险。如在上例中，该企业成功地回避了白糖现货价格下跌的风险。

- 经营企业通过卖出保值，可以按照原先的经营计划，强化管理、认真组织货源，顺利落实并完成销售计划。如上例中，是加工型企业，原材料和产品两头都有市场价格风险。当原材料价格高企时，公司通过提前卖出高价产品锁定了正常加工利润。

- 卖出套期保值有利于现货合约的顺利签订。企业由于做了卖出保值，就不必担心对方要求以日后交货时的现货价为成交价。这是因为在价格下跌的市场趋势中，企业由于做了卖出保值，就可以用期货市场的盈利来弥补现货价格下跌所造成的损失。反之，如果价格上涨，企业趁机在现货市场上卖个好价钱，尽管期货市场上出现了亏损，但该企业还是实现了自己的销售计划。

卖出套期保值的代价

- 卖出套期保值所付出的代价是，保值者放弃了日后出现价格有利获得更高利润的机会，如上例中如果白糖价格上涨到每吨 5 600 元，企业不进行期货保值可以获得多出来的 200 元收益，但如果做了卖出套期保值，该企业必须减去期货市场损失的 120 元。

卖期保值的适用对象及范围

卖期保值的适用对象为：准备在未来某一时间内在现货市场上售出实物商品的生产经营者。为了日后在现货市场售出实际商品时所得到的价格仍能维持在当前合适的价格水平上，他们最大的担心就是当实际在现货市场上卖出现货商品时价格下跌，为此应当采取卖出套期保值方式来保护其日后售出实物的收益。具体说来，卖出套期保值主要用在下面几种情况中。

- 直接生产商品期货实物的生产企业，如农场与工厂等，由于有库存产品尚未销售，或即将生产、收获某种商品期货实物，担心日后出售时价格下跌。

● 储运商、贸易商手头有库存现货尚未出售，或储运商、贸易商已签订合同，将来以特定价格买进某一商品但尚未转售出去，担心日后出售时价格下跌。

● 加工制造企业担心库存原料价格下跌。

4. 套期保值的四项基本原则

套期保值的目的是对冲现货价格风险。为了实现这一目的，在操作时必须遵守以下四项基本原则：交易方向相反原则；商品种类相同原则；数量相等或相近原则，以及月份相同或相近原则。套期保值交易操作的四项基本原则是任何套期保值交易都必须兼顾的，忽略其中任何一个，都有可能影响套期保值交易的效果。

● 交易方向相反原则

套期保值的目的是对冲现货价格风险，由于期货价格与现货价格具有正相关关系，对冲的前提自然是期货买卖的方向与现货方向是相反的。比如，在现货上现在有货或将来有货，担心未来价格下跌而受损。要对冲价格下跌风险，就必须在期货市场中卖出。这显示为现货上的多头，期货上的空头。又如，手中目前无货或将来要交货，担心到需要买时价格上涨，要对冲价格上涨风险就必须在期货市场中买进。这显示为现货上的空头，期货上的多头。

如果违反了交易方向相反原则，所做的期货交易就不能称作套期保值交易了。因为这样做不仅达不到对冲价格风险的目的，反而增加了价格风险，其结果是要么同时在两个市场上亏损，要么同时在两个市场上盈利。比如，对现货市场上有货或将来有货者来说，如果他同时在期货市场也做买方，那么，在价格上涨的情况下，他在两个市场上都会出现盈利；在价格下跌的情况下，在两个市场上都会出现亏损。

● 商品种类相同原则

商品种类相同原则是指在做套期保值交易时，所选择的期货品种应该和需要对冲风险的现货商品相同。只有相同的商品，期货价格和现货价格之间才会形成较强的正相关关系，才能在价格走势上保持大致相同的趋势，否则所做的套期保值交易就难以达到规避价格风险的目的。如果期货市场上没有相同的品种，则应该选择那些在价格走势上大致相同的同类商品。比如，对航空公司来说，在期货市场上不存在航空煤油这一品种，但由于航空煤油、燃料油、汽油都是石油的同源性产品，彼此价格有着很高的正相关性，因而采用已经开设的原油期货、燃料油期货对航空煤油进行套期保值也是可行的。

- 数量相等或相近原则

数量相等或相近原则是指在做套期保值交易时，在期货市场上买卖的数量应该与交易者需要对冲的商品数量基本相等。既然套期保值交易的目的是对冲现货风险，那么就应该是现货上有多少风险头寸就在期货上对冲多少。对冲的数量太少，必定有部分现货头寸风险依旧；对冲数量过多，多余的头寸就成了投机头寸。对这一原则的理解，大家可以参看当年株洲冶炼厂案例。

- 月份相同或相近原则

月份相同或相近原则是指在做套期保值交易时，所选用的期货合约的交割月份最好与交易者将来在现货市场上实际买进或卖出的时间相同或相近。

选用相同或相近时间的期货合约，一是可以使期货合约覆盖的时间与现货暴露的风险时间一致，二是随着期货合约交割期的到来，期货和现货之间的价格差会缩小，这两条都有利于增强套期保值的效果。

比如，某企业每月需采购使用 2 000 吨燃料油。年初时，燃料油现货市场价在每吨 1 800 元左右，该企业认可此价格，并决定在期货市场进行买入套期保值。在选择合约月份时，最好是一年内每个月份的合约都买进 2 000 吨。每个合约都在到期前实施平仓，同时在现货市场上进行采购。

【小贴士】株冶过量套保血泪史

20 世纪 80 年代末，受国际宏观经济的带动，整个伦敦金属交易所（LME）金属期货产品都经历了一场波澜壮阔的牛市，锌锭市场也不例外。但进入90年代以后，世界锌锭市场供需发生了重大改变。中国由纯进口国变成了纯出口国。伦敦金属交易所的锌价格也随着供需面的改变，在经历了1989—1991年的牛市后进入了漫长的熊市，1991年3月锌期货价格从1 700美元/吨左右跌至1992年初的1 000美元/吨，1992年年中涨至1 350美元/吨后再次陷入低迷，一直持续至1994年下半年。1995年初，锌期货价格走出一波小高潮，最高达到1 250美元/吨，此后直到1996年底一直在每吨1 000美元上下低迷徘徊。

当时的株州冶炼厂（以下简称株冶），年锌锭产量为25万吨左右。在锌价低迷的走势下，由于担心价格进一步下跌，就考虑在伦敦金属交易所进行卖出套期保值。当时株冶设有专门的进出口公司，进出口公司中设有期货部，专门从事伦敦金属交易所的锌锭期货保值业务。但是，进出口公司的总经理既是公司管理层，又参与伦敦金属交易所的具体交易，甚至还是下单员。

由于交易人员认定锌价还将继续下跌，他们在伦敦金属交易所卖出了40多万吨的期货，交割月份为1997年5—8月，卖出价格基本在每吨1 000美元左右。这一数量，实际上已经完全超出了其生产能力。此时，一家瑞士巨大的实物贸易商盯上了株冶这个大空头。在不声不响中，这家贸易公司悄然囤积库存，并同时在伦敦金属交易所买入1997年5—8月份交割的期货。在此时间段内，市场上形成了以瑞士贸易商为首的大多头和以株冶为首的大空头对决的局面。当时的株冶认为，反正届时可以交货，根本没有考虑在如此短的时间内，是否能交运这么多的货物。

1997年1月，LME 3月期锌价格开始大幅上扬，每月以100美元的速度走高。价格从年初的1 050美元/吨一路飙升至7月份的每吨1 700美元左右。现货价格更是暴涨至2 000美元/吨，现货升水基本维持在150美元至300美元。到4月份时，株冶的期货操作人士仍然未能加以足够的重视。进入5月份，由于期货市场保证金不能到位，短期内又不能交货，株冶被迫在高位全部买入平仓，最终导致2亿美元的亏损。

株冶自己生产一定量的锌，在市场价格低迷之时，担心锌价继续下跌而通过期货市场卖出保值是合理的。但是，问题在于其交易数量失控，当交易数量远远超出了自己的能力时，这就不是套期保值了，至少可以说其中已经掺杂了大比例的投机交易。当套期保值转化为投机交易，其带来的风险也因此被放大，甚至超出企业可以承担的能力。从套期保值的观点看，株冶在一开始进入市场大量抛售的决策就已经违背了套期保值的目的和宗旨。初始决策的不慎重导致最终不得不吞下苦果。值得注意的是：进出口公司的总经理既是公司管理层，又参与交易所的具体交易，甚至还是下单员，这一情况充分说明了公司在分工及决策机制上都有着重大缺陷。公司管理层人员不是从公司整体经营计划出发制定套期保值方案并实施必要的监控，而是亲自操刀，成了一般的交易员。由于缺乏应有的监督和制约，一旦在判断行情、制定方案中产生失误，很难得到及时纠正，最终导致出现不可收拾的局面。

5. 用期权进行套期保值也是可行选择

买进套期保值的主要原因是担心价格上涨。实际上，除了可以采用买进套期保值来解决这种担忧外，买进看涨期权也可以达到同样的目的。

买卖期权实际上就是买卖保险。在期权交易中，买进期权需要支付权利金，相当于买保险需要支付保险费，得到的好处是可以选择到期时是否按约定的执行价格买卖标的物。比如，4 个月后的小麦期货价格是每吨 1 200 元，某企业担心在 4 个月之后必须进行采购时价格上涨，一种办法是买进期货，将实际采购价固定在每吨 1 200 元左右。另一种办法是买进看涨期权。假如在执行价格 1 200 元处看涨期权的权利金是每吨 30 元。该企业买进看涨期权后的效果是实际采购价格不高于每吨 1 230 元。如果 4 个月后期货价格上涨到每吨 1 200 元以上，该企业执行权利，获得每吨 1 200 元的多头期货头寸，加上每吨 30 元的权利金，其实际采购价格是每吨 1 230 元。如果 4 个月后期货价格不涨反跌，比如跌到每吨 1 100 元，则该企业放弃执行权利。由于在现货市场上的采购价格也同步下跌，如果价格也为每吨 1 100 元，考虑到已经支付的 30 元权利金，则该企业的实际采购价格为 1 130 元，比采用期货方式每吨还节约了 70 元。

与买进看涨期权可以替代买进套期保值一样，卖出套期保值也可以用买进看跌期权来代替。比如，4 个月后为小麦收获季节，相应的小麦期货价格为每吨 1 200 元，某农场对以此价格实行销售极为满意，担心 4 个月之后价格下跌。这时，一种办法是卖出期货，将实际销售价固定在每吨 1 200 元左右。另一种办法是买进看跌期权。假定执行价格 1 200 元处看跌期权的权利金是每吨 25 元。该农场买进看跌期权后的效果是：实际销售价格不低于每吨 1 175元。如果 4 个月后期货价格下跌到每吨 1 200 元以下，该农场执行权利，获得每吨 1 200 元的空头期货头寸，减去每吨 25 元的权利金，其实际销售价格是每吨 1 175 元。如果 4 个月后期货价格不跌反涨，比如涨到每吨 1 300 元，则该农场放弃执行权利。由于在现货市场上的价格也同步上涨，如果价格也为每吨 1 300 元，考虑到已经支付的 25 元权利金，则该企业的实际销售价格为 1 275 元，比采用期货方式每吨还多出了 75 元。

用期权进行套期保值好，还是用期货进行套期保值好？应该说这两种方式各有特点。采用期权方式，权利金相当于保险费，这是比期货多支付的成本，但好处是一旦价格涨跌的方向与你当初担心的方向相反，只要幅度超过了权利金，期权方式就比期货方式好，因为赔掉的仅限于权利金，而在现货市场上可以尽情享受对自己有利的价格（比原先预期更低的采购价或比原先预期更高的销售价）。

三、套保效果的“牛鼻子”——基差变化

在前面所举的套期保值例子中，经常假设期货价格的涨跌与现货价格涨跌完全一样，但正常的情况是：期价涨跌幅与现价涨跌幅并不一样。涨跌幅差异的存在会给套期保值的效果带来一定的影响，要考虑影响的大小，就必

须引进“基差”概念。

1. 基差是什么？“正向”市场与“反向”市场

基差是指现货商品的价格与相同商品的期货价格之间的差额。

基差 = 现货价格 − 期货价格

一般来说，基差所指的现货商品的等级应该与期货合约规定的等级相同，并且基差所指的期货价格通常是最近的交割月的期货价格。例如，6 月 20 日小麦基差为“10 cents under”，如果没有特别约定，这是指当日与期货合约规定的相同等级小麦的现货价格低于 7 月份的期货价格 10 美分，这时候基差就是负值。如果在 6 月 25 日小麦基差为“5 cents over”，这是指当日与期货合约规定的相同等级小麦的现货价格高于 7 月的期货价格 5 美分，这时候基差就是正值。

因为期货价格和现货价格经常在变，所以基差不是一成不变的。基差随着现货价格和期货价格持续不断的变动而变动，时而扩大，时而缩小。最终，在现货价格和期货价格趋同性的作用下，基差在期货合约的交割月趋向为零。

需要注意的是，特定的交易者也可以用基差来表述自己的情况，这时可称为“他的基差”。例如，在 8 月 1 日，一小麦交易商以 2.00 美元/蒲式耳的价格买入一批小麦，8 月 20 日，现货市场价上升为 2.10 美元/蒲式耳，同时 9 月期货合约收盘价为 2.21 美元/蒲式耳，该交易商以此价格卖出了等量的 9 月期货合约。这时，该日的市场基差为 −11 美分（11 cents under），但对该交易商而言，他的基差就为 −21 美分（21 cents under）。

当现货价格低于期货价格时，基差为负值，这种市场状态通常被称为“正向市场”（normal market 或 contango）或“正常市场”。为什么期货合约价格高于现货价格就是正常的呢？这是因为在市场供求关系比较正常的情况下，从购入现货到期货交割，持有者会产生资金占用利息、仓储费及保险等费用，而期货购买者可以省去这笔费用。如果将这笔费用称为持有成本，则期货的理论价格应该等于现货商品价格加上持有成本。在不考虑其他影响因素的前提下，商品期货价格中的持有成本与期货合约时间长短有关系。持有期货合约的时间越长，持有成本就越高；反之，则越低。到了交割月份，持有期货合约的成本，即持仓费，降至零，期货价格趋同于现货价格。

如果现货价格高于期货价格，则基差为正，这种市场状态被称为“反向市场”（Inverted Market），或称为“现货溢价”（Backwardation）。反向市场的出现有两个原因：一是近期对某种商品的需求非常迫切，远大于近期产量及库存量；二是预计将来该商品的供给会大幅增加。总之，反向市场的出现是由于人们对现货商品的需求过于迫切，价格高一点也愿意承担，从而造成现货价格剧升，近期月份合约价格也随之上涨，远期月份合约则因未来供给将大量增加的预测，价格相对平稳。在反向市场上，随着时间的推进，现货价格与期货价格如同在正向市场上一样，也会逐步趋同，到交割月份趋向一致。

2. 基差的变化及基差图表

如果对一段时间前后的基差进行观察，可以发现基差经常在变化。由于基差变化对套期保值交易的结果有着重要的影响，因此套期保值交易者及现货商都会对基差进行深入研究。

基差表与基差图都是用来记载基差及其变动轨迹的数据或图形，是期货交易中的重要分析图表。国际上较大规模的农产品贸易公司都有自己多年统计累积的基差图表，大多自 20 世纪 60 年代起记录各地点每天或每周的基差变化，既有现货价格与近月合约的基差图表，也有现货价格与远月合约的基差图表。如美国的嘉吉（Cargill Incorporated）、艾地盟（Archer Daniels Midland）等大公司在美国各地都设有收购站，采用收购站的买入报价作为当地的现货价格，并据此计算当地的基差。

芝加哥期货交易所（CBOT）网站也公布了近 15 年来美国海湾地区及主

要农作物产区的大豆、玉米、小麦等的每周基差统计表，并在其各类宣传材料中反复强调应利用基差来指导现货贸易。国内不少网站也有国内三大商品期货交易所几乎所有商品期货品种的每日基差数据表。不过，从直观、便于分析的角度衡量，被广泛使用的通常是基差图。

基差图可以将基差的变化过程非常直观地显示出来。图示的形式可以有多种，比如，前面的图 3 同时显示了沪深 300 期指 2012 合约与现货指数每日的收盘价，按照基差的定义，我们知道两者之间的直线距离就是基差，但是由于这两者的距离变化在图形中所占比例实在太小，只能获得一个非常模糊的印象，不利于进一步深入观察。对此可以考虑采取将基差放大处理的方法，比如图 4，将每日计算得到的基差作为一个数据系列与现货价、期货价同时展示。因为可以将基差的比例用另一个纵坐标加以放大，所以可以克服基差显示太小不易观察的困难。基差与现货价、期货价在同一个图中显示，更具有直观性。

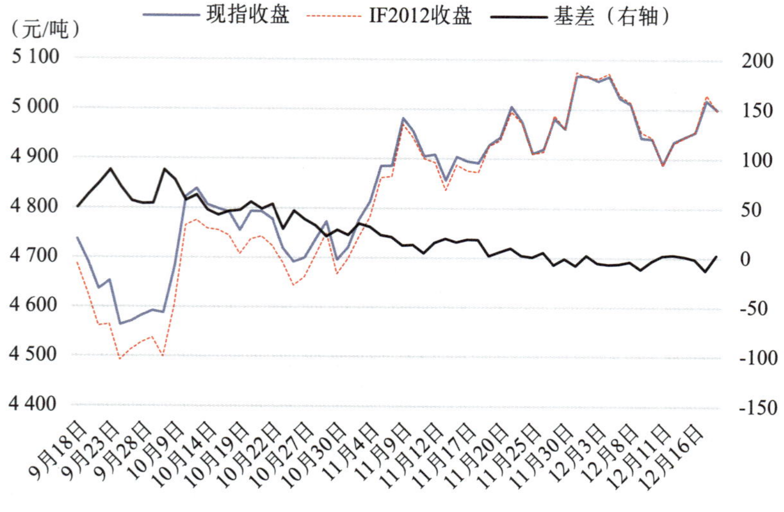

图 4　IF2012 合约的期现价格走势及基差示意（1）

图 5 是另一种显示基差的方法，与图 4 的区别是，前者将基差显示为每一点的连线，后者是显示为柱形，零轴线上方的柱形为正基差，零轴线下方的柱形为负基差。

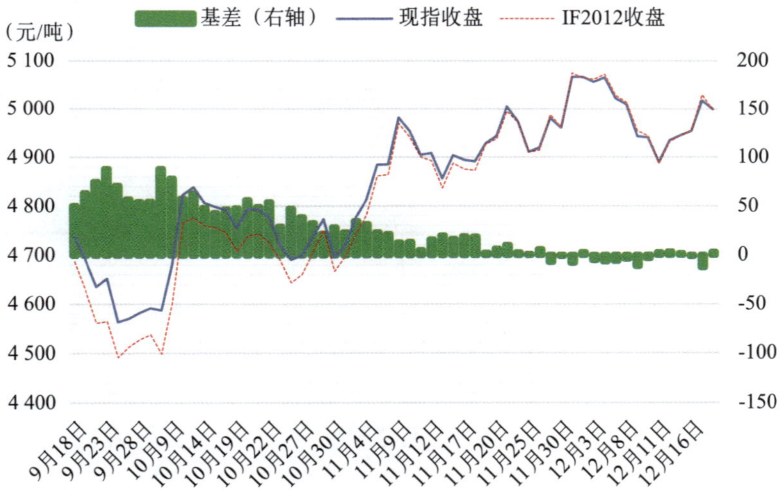

图 5　IF2012 合约的期现价格走势及基差示意（2）

借助基差图，人们可以更方便地观察历史基差的大致分布范围、变化的过程，并从中做出进一步的分析研究。比如，通过图 4 与图 5 可以知晓，IF2012 合约在其运行的最后 3 个月内基差表现出两个明显特征，一是基本以正基差为主，表明以反向市场为主，也即期指贴水状态，期初最高的贴水一度接近 90 点；二是开始时基差较大，之后基差逐渐走弱，最后在零轴附近徘徊，具有很好的收敛性。如果进一步进行回顾推断分析可以发现：如果在正（向）常市场下，应该是期指升水，而在 9 月下旬，期指贴水几乎达到 2%，这一最大贴水发生在指数下跌期间，表明当初一大部分交易者不看好后市而卖出期指。然而，从后面的行情演变看，指数反而上涨了 10% 左右。接近 2% 的期指贴水实际上给了多头一个折价买进的机会，如果当初以买进期指代替买进现指，不仅可以增加 2% 的贴水收益，而且大大节约了资金成本。

3. 基差不变情况下的套期保值效果

在案例 1 中，我们介绍了买进套期保值的情况，当初只是从套期保值前后的价格对比计算买进套期保值的结果，还没有引进“基差”概念，现在不妨再回头从基差角度分析一下。为此，我们将前面的表 1 增加一列成为下面的表 5。

表 5　　买进套期保值盈亏平衡表

时间＼市场	现货市场	期货市场	基差
3 月初	现货市场价格为 13 000 元/吨，计划在两个月后买入 600 吨	以 13 200 元/吨的价格买进 600 吨 5 月到期的铝锭期货合约	13 000 − 13 200 = −200 元/吨
5 月初	在现货市场上以 15 000 元/吨的价格买入 600 吨铝锭	以 15 200 元/吨的价格将原来买进 600 吨 5 月到期的合约平仓卖出	15 000 − 15 200 = −200 元/吨
结果	5 月初买入现货比 3 月初多支付 2 000 元/吨的成本	期货对冲盈利 2 000 元/吨	基差不变

从基差看，在套期保值开始时，基差为 −200 元/吨，而在套期保值结束时，基差还是 −200 元/吨，也就是说，套期保值前后的基差没有变化，或基差变动为 0。当基差不变时，意味着一段时间内期货价格的涨跌幅与现货价格的涨跌幅完全相等。如果价格是上涨的，则买进套期保值者在期货上获利，所获利润正好弥补现货上的亏损，结果是不赢不亏，达到锁定价格的目的；对卖出套期保值者而言，在期货上亏损，而在现货上获利，盈亏相抵，正好相当，结果也是不赢不亏。如果价格是下跌的，则卖出套期保值者在期货上获利，所获利润正好弥补现货上的亏损，结果是不赢不亏，实现锁定价格的

目的；买进套期保值者则在期货上亏损，而在现货上获利，盈亏相抵，正好相当，结果也是不赢不亏。

对套期保值而言，因为基差不变可以完全锁定价格，意味着套保期间面临的风险被完全对冲掉了，所以这一操作堪称“理想”或“完美”。然而，基差不变这种情况真的也只是个理想，在现实中可以说是非常罕见的。

4. 基差走强时套期保值的情况

基差的变化不外乎“走强”或“走弱”，所谓“走强”“走弱”，是指基差图中基差价格前后对比，当基差价格比前面的价格高时称为“走强”，反之则称为“走弱”。我们看前面的图 4 或图 5，得到的直观印象就是基差在一路“走弱”，当然不能排除某些时间点对比基差是“走强”的。

在案例 2 中我们对卖出套期保值进行了介绍，现在同样从基差的角度再回看一下。首先将原先的表 3 增加一列“基差”改变成下面的表 6。

表 6　　卖出套期保值盈亏平衡表（1）

市场 / 时间	现货市场	期货市场	基差
10 月初	现货市场价格为 5 400 元/吨，计划在 3 个月后卖出 5 000 吨	以 5 600 元/吨的价格卖出 5 000 吨 1 月到期的白糖期货合约	5 400 - 5 600 = -200 元/吨
1 月初	在现货市场上以 5 100 元/吨的价格卖出 5 000 吨白糖	以 5 200 元/吨的价格将原来卖出 5 000 吨 1 月到期的合约平仓卖出	5 100 - 5 200 = -100 元/吨
结果	1 月初卖出现货价比 10 月初降低了 300 元/吨	期货盈利 400 元/吨	基差走强 100 元/吨

从基差看，套期保值开始时基差为 –200 元/吨，套期保值结束时基差为 –100 元/吨，基差从 –200 元变为 –100 元，表明基差走强了 100 元/吨。

对卖出套期保值保者而言，由于现货市场价格从原先的 5 400 元/吨跌至 5 100 元/吨，销售收入每吨比当初减少了 300 元，但由于提前在期货上做了卖出套期保值，期货价格每吨下跌了 400 元，不仅完全弥补了现货上的损失，而且每吨多出了 100 元。这 100 元/吨的增收来自何方？秘密就是基差走强了 100 元/吨！

同样，我们将原来的表 4（价格上涨的情况）也增加一列“基差”变为以下的表 7。

表 7　　卖出套期保值盈亏平衡表（2）

时间＼市场	现货市场	期货市场	基差
10 月初	现货市场价格为 5 400 元/吨，计划在 3 个月后卖出 5 000吨	以 5 600 元/吨的价格卖出 5 000 吨 1 月到期的白糖期货合约	5 400 – 5 600 = –200 元/吨
1 月初	在现货市场上以 5 600 元/吨的价格卖出 5 000 吨白糖	以 5 720 元/吨的价格将原来卖出 5 000 吨 1 月到期的合约平仓卖出	5 600 – 5 720 = –120 元/吨
结果	1 月初卖出现货价比 10 月初提高了 200 元/吨	期货亏损 120 元/吨	基差走强 80 元/吨

现在是现货价每吨上涨了 200 元，比原先的预期销售收入每吨增加了 200 元，但由于提前在期货上做了卖出套期保值，期货价格上涨导致了 120 元/吨的损失，但即使抵消了这 120 元/吨的影响，实际销售收入仍旧比原先的预期提升了 80 元/吨。这 80 元/吨的增收来自何方？同样是因为基差走强了 80 元/吨！

至此我们可以得出如下结论：基差走强对卖出套期保值是有利的，它可以使卖出套期保值的效果超越“完美”。

基差走强对卖出套期保值是有利的，那么对买进套期保值呢？不难想到，其答案将是“不利”的。下面不妨将案例1的数据稍作修改，假定到5月初期货价为15 050元/吨，买进套保附带基差的盈亏平衡表基差变为下面的表8。

表8　　买进套保盈亏平衡表

时间＼市场	现货市场	期货市场	基差
3月初	现货市场价格为13 000元/吨，计划在两个月后买入600吨	以13 200元/吨的价格买进600吨5月到期的铝锭期货合约	13 000－13 200＝－200元/吨
5月初	在现货市场上以15 000元/吨的价格买入600吨铝锭	以15 050元/吨的价格将原来买进600吨5月到期的合约平仓卖出	15 000－15 050＝－50元/吨
结果	5月初买入现货比3月初多支付2 000元/吨的成本	期货平仓盈利1 850元/吨	基差走强150元/吨

从表8中可见，基差由开始保值时的－200元/吨变为套保结束时的150元/吨，基差走强。套保结束时，由于现货价格上涨使得采购成本比原先的预期增加了2 000元/吨，但由于提前在期货上做了买入套期保值且每吨获利1 850元，大大减轻了损失。美中不足的是，1 850元/吨的获利还不足以全部覆盖增加的采购成本，不足的150元/吨差额实际上就是走强的基差带来的。

本例是价格上涨时的情况，如果价格下跌，只要基差是走强的，结果对买进套期保值仍是不利的，读者不妨将表2的数据修改成基差走强的情景自行验证。

5. 基差走弱时套期保值的情况

从基差走强时对套期保值的分析不难想到，当基差走弱时对买进套期保值是有利的，对卖出套保则是不利的。

作为例子，不妨回看一下前面 31 页的图 5。

表 9 是该图中几个不同时间点的期现价格及对应的基差。

表 9　　IF2020 合约期现价格及对应基差

时间	沪深 300 指数）（点）	IF2020 合约价格（点）	基差（点）
9 月 18 日	4737. 09	4686. 8	50. 29
9 月 30 日	4587. 4	4499. 2	88. 2
12 月 9 日	4942. 7	4954	－11. 3
12 月 14 日	4934. 84	4931. 8	3. 04

假定某投资公司甲在 2020 年 9 月初因资金需求必须暂时从股市中撤出大部分资金，同时计划 3 个月后再入市，但由于认为此时的股市已具备长期投资价值，担心 3 个月再入市会踏空，因此决定通过股指期货进行买期保值。9 月 18 日基差为 50. 29 点，立即在沪深 300 指数 4737. 09 点的价位上将持有对应的股票组合全部清仓，同时以 4686. 8 点的价格买进同等规模的 IF2020 期货合约。

12 月 14 日时，前期调出的资金已经到账，临收盘时，基差为 3. 04 点，立即在 4931. 8 点的价位上将 IF2020 期货合约卖出平仓，同时买进同等规模沪深 300 指数的股票组合，对应的指数点为 4934. 84 点，至此套期保值计划全部完成。

买期保值的效果是：不考虑交易手续费，在现货上的确踏空了，损失点数为 197. 75 点，即 4934. 84 － 4737. 09，但由于在期货上获利 245 点，即 4931. 8 －4686. 8，合计还多出了 47. 25 点，即 245 － 197. 75。注意，这一增加的收益恰好为基差走弱的点数 47.25 点，即 50.29 - 3.04。

不妨假定另一家投资公司乙恰好在前述两个时间点上进行卖出套期保值，即在 9 月 18 日基差为 50.29 点时，因为担心股市下跌而导致手中持有的沪深 300 股票组合遭受损失，于是卖出同等规模的 IF2020 期货合约，成交价格为 4686.8 点。12 月 14 日结束套期保值，在 4931.8 点的价位上将 IF2020 期货合约买进平仓。

卖出套期保值的效果是：不考虑交易手续费，在股票持仓上，指数上涨了 197.75 点，即 4934.84 - 4737.09，但在期货上亏损了 245 点，即 4931.8 - 4686.8，合计还有 47.25 点，即 245 - 197.75 的损失。同样，这 47.25 点的损失就是基差走弱的点数。

6. 基差与保值效果的总结与启示

从上面这些例子中可以看出，套期保值的效果与基差的变化密切相关。当套期保值前后基差没有变化时，套期保值能够实现完美的效果，即正好将现货风险全额对冲。当套期保值前后基差发生变化时，套期保值的效果分两种情况：一种情况是当基差在此期间走强（走弱）时，卖（买）期保值不仅实现现货风险全额对冲的目的，而且还有部分盈利，其盈利额就是基差变动的幅度；另一种情况是当基差在此期间走弱（走强）时，卖（买）期保值只能获得部分保值效果，其现货风险只有部分得到对冲，没有对冲的部分也是基差变动的幅度。套期保值效果与基差的关系可以归结为如下的表 10。

读者可能会问，表中括号内的符号有什么含义？这是帮助大家快速记忆的一套符号。在期货从业人员考试中，也许是时间较紧的关系，经常有考生碰到此类型题目时搞混而答错。如果依靠这套符号系统困难将迎刃而解。具体方法为：前面两列是赋予符号，基差不变 =0，基差走强为正，基差走弱为负；买进套保为正，卖出套保为负。要知道套保效果，只要将前两列的符号相乘然后改一个符号（正变负，负变正）即可，如果最终的结果为正，表明

表 10　　套期保值效果与基差的关系

基差变动	套期保值方向	套期保值效果（符号相反）
基差不变（0）	卖出（-）	完全保值，期现盈亏相同（0）
	买进（+）	
基差走强（+）	卖出（-）	完全保值之外还有净盈利（+）
	买进（+）	不能完全保值存在净亏损（-）
基差走弱（-）	卖出（-）	不能完全保值存在净亏损（-）
	买进（+）	完全保值之外还有净盈利（+）

套保效果是有利的，为负，则表明效果是不利的。

比如，基差走强为正，方向卖出为负，两者相乘是正负得负，改符号为正，表明套保效果是完全保值之外还有净盈利；又如，基差走弱为负，方向卖出为负，两者相乘是负负得正，改符号为负，表明套保效果是不能完全保值，存在净亏损；至于基差不变为零，因为无论套保方向为正还是为负，相乘后还是零，故套保结果为盈亏相抵。

套期保值的目的是利用期货市场规避现货价格的风险，但套期保值交易并不像想象中那么简单，套期保值交易中不仅需要遵守一系列的规则，而且存在一些其他风险，在操作中如果不加防范，完全可能导致套期保值的效果不佳，甚至导致套期保值交易失败。在套期保值交易的诸多风险中，基差变动风险就是交易者必将面临风险之一。

从套期保值效果与基差的关系中可以得到的启发：进行套期保值操作，在进行时机选择时，应该对基差的变化及变化动向给予足够的重视，尽可能在一个有利于自身的基差出现时进行套期保值。比如，对卖出套保而言，应尽可能选择基差较弱未来很可能走强的时机进场；对买入套保而言，则应尽可能选择基差较强未来很可能走弱的时机进场。一些套期保值交易者不明就里，在基差大幅偏离正常水平的情况下进行套期保值，从而增加了风险，极易导致套期保值效果极差，甚至失败。作为案例，不妨做一下“事后诸葛亮”，看看“动力煤期货 1901 合约期现价格及基差走势图”（见图 6）。

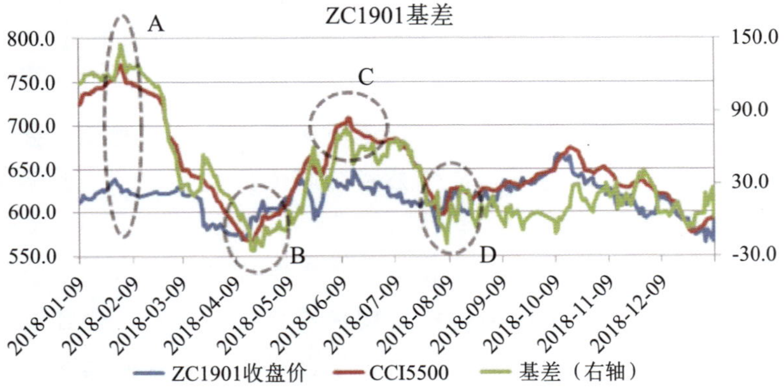

图 6　动力煤期货 1901 合约期现价格及基差走势

从图 6 中可见，基差在 2 月初最高（A 点），4 月初最低（B 点），6 月初次高（C 点），8 月初次低（D 点）。后面的基差基本稳定在正负 30 元/吨，表明临近交割时，期现价格收敛较好。

不难发现，在基差最强的 A 点或 C 时点，做买入套保不仅获得完全保值的可能性很大，并且有可能还会出现净盈利。同样，当基差最弱时，在 B 点或 D 点做卖出套保获得完全保值的可能性大，有可能还会出现净盈利。从 A 点到 B 点，基差大幅走弱高达 140 元/吨，最初的现货价也不过 700 多元/吨，尽管不知道后市是涨是跌，但买进期货进行套保等于先享受 100 多元/吨的补贴，从基差角度看，无疑是安全性非常高的。

7. 点价交易中的基差

在本系列丛书第一册《走进期货》最后一篇“花儿为什么这么红”中曾经介绍过“点价点出的龙头企业”和“从点价交易到基差交易”。

点价交易中的点价实际上是确定现货购销价格（spot price），这是从国外粮商做进出口贸易时引进的一个概念，最初翻译的时候，把 spot（现货）翻译成了“点”，因为 spot 的另外一个意思就是“斑点”，所以有了点价这个说法。

在点价交易中，现货购销双方在确定现货买卖价格的时候，并不是确定一个明确的价格，而是确定一个定价公式，这个公式就是“现货买卖结算价格 = 期货价格 + 升贴水”。这里的期货价格是确定的某个期货交易所的某个期货合约，而升贴水由双方提前确定。通常在签订买卖合同的时候会规定一个点价期，买方可以在点假期内指定期货价格进行定价。比如签订合同一个月后的某天，买方认为当前期货价格比较合适，于是通知卖方，用这个期货价格来计算现货买卖价格，这就是点价的过程。

通常情况下，点价期由卖方来确定，而买方必须在点价期内点价，否则卖方就可以按既定价格或者最后时刻的期货价格来计算现货买卖价格，称为强行点价。

点价的作用体现在给买方一个日后选择价格的机会。最初，点价常用在大宗商品进出口贸易当中。因为进出口贸易需要比较长时间的物流时间，而这段时间内货物的市场价格可能发生很大的变动，以至对买方不利。例如，中国的油脂企业从美国进口大豆，船期 40 天。进口大豆时，要交每船 500 万元的保证金，每船大约 5.5 万吨。大豆离开美国港口，要经过 40 天左右才到达中国港口。在这 40 天之内，大豆价格可能已经大幅下降，以至中国的进口商即使放弃这 500 万元的保证金并再次从别地拿货，也比直接要这船货划算。这样就容易发生违约事件，使生意做不下去了。为此，美国的粮商就跟中国的进口商签订一个点价协议，给予中国进口商签订协议后 35 天的点价期，在此期间，进口商可以按照 CBOT 的大豆期货价格进行点价，点价时马上通知美国粮商即可。这样就避免了海上运输期间大豆价格大幅下跌导致的违约问题。中国进口企业可以在价格下跌后，用下跌后的低价来结算，进口成本也降低了，可以说实现了双赢。

大家可能会有疑问，期货价格下跌后，进口企业按低价点价，美国粮商不就吃亏了吗？其实不然，因为美国粮商在签订点价协议时，也会同时在期货上做卖出套期保值，所以后面的价格无论怎么变，都不会影响到他们的预期利润。一旦对方点价，美国粮商也会随即在期货上平仓。

进口企业采用点价交易的确有效地避免了运输期间可能产生的价格暴跌损失。但是，必须知道，采用点价交易后，若40天船期内期货价格有较大幅度上涨，那么进口的成本反而上升了，岂不是“前门拒虎，后门进狼”。解决的办法是，进口企业也在期货上做一笔套期保值，方向应该是买进套保。一旦期货价格上涨，企业在点价上的损失由买进期货的套保来弥补；如果期货价格下跌，期货上亏损，但在可以更低的价格上完成点价，起到锁定价格的作用。

关于点价交易，有以下几点分析。

- 点价交易属于现货交易，是现货商之间的一种交易方式，但与传统现货交易方式相比，点价交易引进了期货价格，将未来的期货价格作为未来交割时的基准价格，这是由于期货价格具有公平、透明的特质，具有极高的公信力，因而买卖双方都愿意接受。交易双方采用点价交易方式，省去了搜寻价格信息、讨价还价的成本，效率更高，更何况能够给客户更多的时间机会选择，因此点价能够在大宗商品交易中得到推广和流行。采用点价交易的现货商也因此能够把生意越做越大。
- 点价交易的定价公式为“现货买卖结算价格 = 期货价格 + 升贴水”，如果将等式右面的“期货价格”移到等式左面，就成为“现货买卖结算价格 − 期货价格 = 升贴水”，若与基差的定义“基差 = 现货价 − 期货价”比较一下就能发现：点价公式中的“升贴水”就相当于“基差”。升贴水的高低，与点价所选取的期货合约的月份远近、期货交割地与现货交割地之间的运费以及期货交割商品和现货交割商品的品质差异有关。由于点价交易在国际大宗商品中十分普遍，升贴水的确定也是市场化的，通过对比众多经纪商提供的升贴水报价，交易商很容易确定升贴水的水平。

• 点价交易本质上是一种现货贸易，从交易条件看，尽管定价中以期货价格作为依据，但并非必须参与期货交易才能进行点价交易。一些规模较小的企业认为期货交易太复杂，或者出于其他原因而不愿意参与期货交易，点价交易正好满足了这种需求。当然，从风险角度看，单纯的点价交易仍旧有风险敞口，比如点价期价格一路上涨，点价买方最终的买价将远高出预期；如果点价期价格一路下跌，点价卖方最终的卖价远低于预期。堵住这些风险敞口的好办法是运用期货工具进行保值。换言之，将期货的套期保值与点价交易结合起来，就可以实现无风险状况下稳健经营的目标。

• 点价交易最初是国外粮商做进出口贸易时发明的，凭借其便利性与有效性，已经被逐渐拓展应用到粮食贸易之外的其他商品的交易，比如在金属、石油、煤炭、化工等行业，点价交易都已经得到普遍应用。

四、套期保值交易实务

前文对套期保值的原理进行了介绍。准备实际从事套期保值操作的企业不仅应该具备这些知识，而且必须对实际操作中可能面临的问题及一些操作策略有所掌握。

1. 套期保值与交割

期货市场的任何挂牌合约都有结束的时候，具体来说，就是最后交易日结束后，继续持有头寸者必须进入交割程序，在商品期货中，基本上都是采用实物交割形式。金融期货中既有实物交割的（比如国债期货），也有现金交割的（如股指期货）。

是否进行实物交割与是否属于套期保值并没有必然的联系。

作为套期保值者，他们进行期货交易的目的是利用期货价格与现货价格的同步走势来对冲期货持有期间现货价格的波动风险。在大多数情况下，套期保值者在完成对冲使命后都会选择对冲平仓的方法来结束套期保值。不能因为他们没有进入交割阶段，就认为他们不是套期保值者。

此外，套期保值者如在最后选择了交割也很正常。从理论上说，期货价格在最后与现货价格应该是一致的，即基差趋向于零，具有收敛效应。但是，在实际运行中，还是会打一些折扣。比如，在某些特殊情况下，由于流动性太小，由于套期保值的双方力量太悬殊，或者由于存在着逼仓因素，都会使期货价格最终拒绝与现货价格收敛或靠拢，这就使得基差不仅不缩小，反而会有所扩大。在这种情况下，套期保值者会发觉，进行交割比不交割更有利，更能达到套期保值的目的。

在期货市场进行实物交割有严格的标准，进出库必须按照交易所指定的地方，因此会发生一些额外费用，如交割手续费、运输费、仓储费、进出库费、过户费、检验费、代办费、打包费等。尽管在现货市场上进行买卖时也会发生一些费用，但一般而言，在期货上交割的费用会多一些。因而，在期货市场上交割是否经济，可以进行比较计算。如果基差为零，在期货市场上交割就是不经济的，只有当不利于自己的基差超过多支付的交割费用时，才是经济的。比如，在6月14日，6月期铜交割前一日，期货价格为27 750元/吨，假定在在期货上进行实物买进（卖出），比现货上买进（卖出）每吨要多支付150元。前期进行保值的交易者面临着平仓还是交割的选择。如果这时现货市场上价格为每吨27 780元，即基差为每吨30元，买期保值者会算出，先在期货市场卖出平仓，再在现货市场买进是经济的。但是，如果这时现货价格为28 030元/吨，基差高达每吨280元。买期保值者选择交割就是经济的。

如果选择交割，必须对交割规则进行提前研究，以免因为对规则理解不清楚而导致交割失败。不同的交易所及不同的品种对交割的要求不一样。

第一，交割商品的质量和规格应该符合交易所的规定。

第二，交割地点的要求。比如，卖方交割的货物在入库之前必须先与交易所的交割部及交割库联系，并获得批准；否则，贸然将货物运到交割库，恰逢该交割库已满而无法入库，损失就难免了。

第三，交割的时间要求及程序、手续要求。比如，交易所在合约持仓方面都有最大持仓规定，并且离交割日越近，最大持仓数额就越小，但套期保值者有豁免权，不过要享受豁免权就必须提前按照交易所的规则进行报批。如果企业需要交割的量很大，超出了持仓限额，就必须提前办好相应的手续，否则有可能还没有进入交割期就被强制平仓了。

第四，国内各交易所都推出了期转现交易业务，企业在交割中如果进行合理的选择，有可能找到更适合自己的时间、地点进行交割，也因此节约了交割成本。

第五，交割之前应该对所有可能发生的费用进行仔细的核算。

2. 套期保值与期转现交易相结合

期货转现货（EFP，Exchange - For - Physicals，以下简称“期转现”）是指持有同一交割月份合约的多空双方之间达成现货买卖协议后，变期货部位为现货部位的交易。期转现是国际期货市场中长期实行的交易方式。国内的期货交易所也都开展了期转现交易业务。

期转现交易的基本做法是：交易双方达成协议后共同向交易所提出申请，获得交易所批准后，分别将各自持仓按双方达成的平仓价格由交易所代为平仓（现货的买方在期货市场须持有多头部位，现货的卖方在期货市场须持有空头部位）。同时，双方按达成的现货买卖协议进行与期货合约标的物种类相同、数量相当的现货交换。

期转现交易与期货市场中的实物交割不同。在期货市场的实物交割中，交割的各项规定是由交易所统一确定的，属于“集中交易”；而在期转现交易中，现货买卖是根据交易双方的协商来进行的，交易双方可以根据自己的需要来确定实物交割的细节。

期转现交易的优越性主要体现在以下几个方面：第一，加工企业和生产经营企业利用期转现可以节约期货交割成本，如搬运、整理和包装等交割费用，灵活商定交货品级、地点和方式，提高资金的利用效率。第二，加工企业可以根据需要分批分期地购回原料，减轻资金压力，减少库存量，生产经营企业也可以提前回收资金。第三，期转现使买卖双方在确定期货平仓价格的同时确定相应的现货买卖价格，达到和套期保值一样的避险目的。

在对现货交易实施套期保值交易时，恰当的使用期转现交易可以在完成现货交易的同时实现商品的保值。

比如，一个出口商与客户签订了一项出售铝现货的远期合同，但是他没有现货库存，为防止到交货时铝价上涨，他在上海期货交易所做买入套期保值。某流通商持有铝现货，为了防止铝价下跌，在上海期货交易所做卖出套期保值，所卖出的合约月份与该出口商相同。在期货合约到期前，双方通过交易所信息平台互相获知对方的期转现意向，经过协商后向交易所申请期转现交易，出口商通过换取流通商的空头部位来对冲自己先前持有的多头期货部位，结束套期保值交易，流通商通过换取出口商的多头部位来对冲自己先前持有的空头期货部位，也结束了套期保值交易。最终交易双方按照已协商好的价格、商品品质、交割地点等进行现货商品的交收。

在这个例子中，交易双方都将套期保值交易和期转现交易结合在一起，对交易双方都是有利的。对出口商来说，不仅获得了需要的现货，而且避免了价格上涨的风险。对流通商来说，既出售了现货商品，也避免了价格下跌的风险。

3. 套期保值中的转期交易

套期保值四项基本原则中，有一条是“月份相同或相近原则”，是指在做套期保值交易时，所选用的期货合约的交割月份最好与交易者将来在现货市场上实际买进或卖出的时间相同或相近。但是，在实际操作中，交易所的期货合约设置或者市场流动性问题使得这一条有时很难满足。

例如，某企业每月用铜 2 000 吨，企业对目前的市场价格比较认同，准备对全年的用铜量进行买期保值。不难想到，理想的方式是每个月的期货合约都买入 2 000 吨铜。但问题是期铜交易后面几个月的流动性实在太低，无法在合适价位上顺利建仓。不妨看一下上海期货交易所铜期货合约在 2021 年 1 月 5 日收盘时的成交持仓情况（见图 7）。前面 5 个月份合约的成交量都在 1 万张以上，买卖报价差除了 2014 合约 120 元/吨稍大外，其余合约都还比较接近。但是，看后面 7 个合约，不仅成交量都很低，买卖报价差也非常夸张，2112 合约买进报价 57 530 元/吨，卖出报价 59 520 元/吨，相差 1 990 元。显然，尽管这些后期合约已经挂牌交易，但从有效性看，等于没有挂牌。

名称	最新	买价	买量	卖量	卖价	成交量	持仓量
沪铜2101	58050	58030	5	5	58060	21300	26950
沪铜2102	58110	58110	2	1	58130	103527	96490
沪铜2103	58180	58170	8	9	58180	62922	89861
沪铜2104	58260	58150	1	1	58270	15548	36654
沪铜2105	58290	58270	1	1	58290	13299	29813
沪铜2106	58340	58200	1	4	58350	1104	11256
沪铜2107	58390	58250	1	1	58500	310	3117
沪铜2108	58340	58010	1	1	58600	28	718
沪铜2109	58500	58220	1	1	58790	56	777
沪铜2110	58540	57500	2	1	58850	1	259
沪铜2111	58540	58400	5	5	58550	10	120
沪铜2112	58550	57530	2	2	59520	3	65

图 7　上海期货交易所铜期货合约成交持仓情况（2021 年 1 月 5 日收盘）

在这种情况下，企业只能采用其他办法进行补救。常见的方法是将套保头寸集中分布在前面几个成交活跃的月份上。当前面的合约到期后，除了应该对当月对应的买期保值头寸进行平仓或交割外，必须将其余的头寸进行平仓，同时在远期合约中再买进建仓。比如，2101 合约上有 8 000 吨持仓头寸，在到期前平仓，然后在 2105 合约上买进 8 000 吨。

用远期期货代替近期期货的交易通常被称作“转期交易”或称为“迁

仓”。在套期保值交易中，尤其是对那些需要保值时间较长的套保者而言，转期交易是一个不得不考虑问题。

不难想到，转期交易会有价差风险。对买期保值来说，如果远期期货合约价格比前期期货合约价格低，转期交易可以给企业带来转期价差收益；反之，则会带来转期损失。相反，对卖期保值来说，如果远期期货合约价格比前期期货合约价格高，转期交易可以给企业带来转期价差收益；反之，则会带来转期损失。

降低转期风险的关键在于建仓头寸分布中留下调整的余地，随时关注价差的变化，并在有利于自己的价差出现时及时转期。

例如，每月需要用铜 2 000 吨的企业，在 11 月的某个交易日盘中，现货价为 52 000 元/吨。明年 1 月、2 月、3 月的铜期货价分别为 52 100 元/吨、52 200 元/吨和 52 220 元/吨。企业可以在每个月平均购买 8 000 吨，也可以 1 月、2 月合约各购买 4 000 吨，3 月购买 12 000 吨。

假如到 1 月时某个交易日，2 月、3 月、4 月、5 月合约价分别为 54 500 元/吨、54 510 元/吨、54 500 元/吨及 54 450 元/吨，由于 5 月价低于 3 月价，企业抓住这个机会，将 3 月合约卖出平仓，同时在 4 月及 5 月合约上买进。通过这种方式转期，基本上可以锁定全年的采购成本，而且通过转期得到差价收益，进一步降低了成本。

同样，在卖期保值的转期中，也应该关注价差的大小及变动趋势，抓住后期合约价大于前期合约价的有利时机进行转期，可以获得转期收益。

例如，某交易者拥有玉米现货，因为担心价格下跌而卖出 3 月玉米期货合约，建仓价为每吨 1 130 元。因该交易者的现货成本价是 1 090 元/吨，故对其而言，已经获得固定基差 40 元/吨。但过一段时间后，他发现 5 月期货合约价格比 3 月期货合约价格高出 30 元/吨，而两个月之间的持仓费用大约为 15 元/吨，于是将 3 月空头期货买入平仓，同时卖出 5 月期货合约。转期之后，该交易者等于重新建立了具有更好基差的套期保值部位，扩大了基差收益。

4. 原则应该坚持，但不能囫囵吞枣

套期保值有四项基本原则。原则是应该坚持的，但对原则的理解不能囫囵吞枣。在实际操作中，应该审时度势，根据实际情况灵活运用。

比如，原则中要求“月份相同或相近”，有些企业认为，期货保值头寸建立后，不论期间行情怎么变化，必须持有到最后交易日。但是，在很多情况下，坚持这种做法的企业吃了大亏。比如，建立保值头寸后，中间曾经有巨额盈利，但不为所动，坚持到最后，结果亏损出场。事实上，套期保值是可以动态分阶段进行的。当市场情况出现较大变化时，将套期保值分阶段进行的效果有时会更好。

期货价格比现货价格反应快且更剧烈，经常会出现涨过头或跌过头的行情，随之而来的，往往是反向调整。因此，当企业建立保值头寸后，在大涨大跌行情中已经获得很大利润情况下，可以考虑暂时平仓，然后重新寻找入场点。同样，在出现保值头寸明显不利时，“死保”不动，以不变应万变的操作手法也是极其有害的。

案例3

1994年6月下旬，国内铜价涨至2.2万元/吨的历史最高价。此时，某电解铜企业进行了大量卖期保值。但是，随之而来的是LME铜价一涨再涨。公司对市场的基本面及行情重新进行分析，认为铜价还有较大上涨空间，并且由于企业的进料成本也在上涨，有必要提高保值目标价位，于是便在7月下旬铜价涨至每吨2.28万元左右时及时买进平仓。到11月中旬，国内期铜涨至3万元/吨，该公司重新建立了卖期保值头寸。当初认亏时，每吨仅亏700元左右，如果采取“死保”不动的办法，平均每吨亏损就会高达6 000多元。由于调整及时，既减少了亏损，又消除了追加保证金的压力，取得了更好的保值效果。

又如，套期保值原则中有“数量相等”的要求。对此也不能机械理解和简单套用。考虑到期货市场本身具有的风险以及套期保值也可能导致获利机会丧失的弱点，企业可以根据自己的实际情况及风险承受能力对套保数量进行平衡。

所谓“保值力度”，是指企业参与保值的数量占企业消耗量（对消费企业）或产量（对生产企业）的百分比，保值力度介于0与100之间，零代表“不保”，100代表“全保”。如果保值力度超出100，就是“保值过度”。由于保值过度是投机，期保值企业应该杜绝出现“保值过度”的问题。

一般而言，不同企业保值力度大小的决定，主要取决于企业决策层。通常情况下，50%的力度可以考虑作为一个经常的立足点。数量增减与调整则可以根据不同的市况进行。比如，对需要销售该品种的企业而言，当后市发展比较乐观或在牛市中，可以考虑将保值力度压缩到1/3；当后市比较悲观或处于熊市，可以考虑将保值力度增大到80%乃至更多。反之，对需要采购该品种的企业而言，当后市发展比较乐观或在牛市中，可以考虑增加保值力度；当后市比较悲观或处于熊市，可以考虑压缩保值力度。总之，即要考虑企业经营的稳定性，又要考虑企业经营的灵活性。对于刚进入期货市场进行套期保值的企业，考虑到经验不足，将保值力度控制在更低一些的水平，也是正常的。

“方向相反”原则听起来很容易理解，通常大家都认为，生产企业应该做卖期保值，使用产品作原材料的企业应该做买期保值，下面的例子却不是这样。

案例4

1999年第1季度，国内铜价跌破某铜业公司的最低成本线，而且国际铜价也跌破了人们公认的社会平均成本价。该公司判断国际上大规模的减产活动必将导致铜价上扬。为减少亏损，该公司决定采用“限售存库”的营销策略，两个月后该公司的库存已接近2万吨，但铜价还是没有出现大幅上升。于是公司改而采取风险保值策略。鉴于期铜的基差为正，出现期货贴水状况，该公司在现货市场上开始加大销售库存的力度，以回收资金，同时每日在期货市场买入与现货市场所销售库存数量相等的远期期货合约。数月之后，期货市场价格达到其预设的目标销售价时，将前期买入的期货合约全部平仓，该公司摆脱了亏损的困境。

在这个案例中，该公司打破“生产产品企业应该做卖期保值”的常规，取得了很好的效果，充分表明企业在套期保值业务中应该根据市场情况和企业的实际情况灵活运用套期保值原则的重要性。

大豆加工企业需要采购大豆，同时向市场提供豆粕和豆油，从中获取加工利润。在市场价格较稳定时，加工利润差不多在每吨200元左右。这种两头对外的企业最担心什么？当大豆价格相对稳定时，担心豆粕和豆油价格下跌，当豆粕和豆油价格相对稳定时，担心大豆价格上涨。当市场波动较大时，究竟应该对大豆进行保值还是对豆粕和豆油进行套保，抑或两头都进行套保？还是需要企业根据市场实际情况进行判断。假如压榨企业按当时的价格以3 500元/吨的价格订购了一批美国大豆，但需要两个月时间才能运到国内。如果两个月后大豆价格上涨了500元/吨，对企业而言那真是吉星高照。但是，如果两个月后下跌了500元/吨呢？对企业而言，那就是灭顶之灾了。企业为了稳健经营，在国内大豆期货市场做了相应的卖期保值交易来规避大豆价格下跌风险，是不是很正常的事情？但是，一些不明就里的人看来，会觉得有点奇怪，因为按通常的理解，需要采购大豆作原材料的加工企业应该做买期保值才对啊！

5. 套保路上的最大磨障——期货大幅亏损

有人认为，套期保值头寸建立之后，期货与现货的风险被对冲了，不论价格涨跌，都是一边盈利另一边亏损，因此大可以“任凭风浪起，稳坐钓鱼台”。

上述说法听起来似乎没错，但实际上没有考虑到实际操作中可能遇到的问题，一旦出现风波，若不能有效处置，完全可能最终翻船，导致套保失败。因此，对套期保值交易中可能出现的种种磨难不能等闲视之，不仅要充分重视，而且还应该有相应的预案。

在实际操作中，套期保值者遇到的最大磨难表现为套保持仓亏损。比如，买期套保者是因为当初担心价格上涨而在期货市场买进期货进行对冲，当买期保值建仓后，如果期现价格一路上涨，大家都会觉得非常高兴，庆幸当初及时买进了期货。尽管现货价格上涨之后，企业在市场上采购的成本上升了，但看到期货上的盈利（如果需要可以立刻提取）进行补贴后，实际采购价还是原先的低价，特别是看到同行业中没有进行买期保值的企业不得不以高价原材料进行生产时，难免春风得意。但是，如果期现价格一路下跌呢？那就完全是另外一个故事了。

价格下跌，期货账户发生亏损，当然你尽可以安慰自己，期货上亏了，但现货价格也低了，同时企业采购现货的成本也降低，两者相抵，企业的采购价还是维持在原来的价位，这是原本就有思想准备的。然而，当看到同行业中没有进行买期保值的企业在享受低于自己的采购成本时，会不会有些惆怅？相比心情的惆怅，真正的问题是，期货上的亏损必须用现金及时弥补。现货上采购成本是降低了，但那是未来的事。如果套期保值者因为资金紧张而无法满足期货市场的追加保证金要求，套期保值的持仓很可能被强行平仓，导致套期保值失败。更恐怖的是，被强行平仓之后期现价格又双双上涨了，弄得期现双亏，真是“赔了夫人又折兵”！

案例 5

1999 年 3 月，国内铜价跌至 14 300 元/吨，经过 3 个月的振荡筑底，价格从 6 月起大幅度上扬，至 9 月时，铜价重上 18 000 元/吨。此时，国内有一家与铜相关的公司内产生了有两种不同意见：一种认为这是较满意的价位，公司应该开始大规模卖出保值；另一种则认为铜价仍有较大上升空间，应谨慎保值。公司期货领导小组在听取各方意见后，决定从 18 300 元起大量保值，总保值量约 3 万—5 万吨。进入 12 月初，国内铜价涨至 18 300元之后，该铜业公司开始大量保值，每涨一个台阶，就抛出 3 000—5 000 吨。进入 2000 年元月下旬，随着价格持续上涨，该公司按既定计划继续抛出保值，但此时持仓量已超过 3 万吨。当时该公司每天需追加保证金 1 500 万元，由于公司在 19 000 元/吨以下的持仓量较多，虽然从下单的月份和数量看似乎都没有违背保值的目标与计划，或许是保值的价格和时机稍早了些吧，导致保证金追加困难。至元月 25 日，该公司持仓占用保证金达 1 亿多元。公司财务部门告知代理期货经纪公司，如果次日价格再上涨，因无法追加保证金将不得不斩仓了。幸运的是铜价到 19 450 元/吨之后，开始掉头下跌，至4 月中旬已跌至17 300 元/吨，此时该公司分析后势仍可能上涨，及时将保值头寸全部平仓，获利 7 000 多万元。

尽管该公司的套期保值最终可以说是成功了，但从其套期保值的操作经过来看，有着侥幸因素。如果当时价格再上涨一些，很可能导致保值头寸被砍仓出局之后价格才回落，致使公司在期货和现货上两头亏损。

再看一个德国金属公司惨败的案例。

案例6

德国金属公司（Metallgesellshaft，MG）是德国最大的工业公司之一，德国最大的两家银行德意志银行和得累斯顿银行拥有其 33.8% 的股份。德国金属精炼和营销公司（MGRM）是 MG 在美国的子公司，其主要业务是油品贸易。

1993 年，MGRM 出售了大量远期供货合同，在未来5—10 年以固定价格向需求方供应原油、加热油和汽油，固定价格比签约时现货价高 3—5 美元/桶；此外，远期供货合同还给了对方一个选择权，内容为如果到时市场价（近期月份期货价）高出合同价之上，可以选择支付差价的一半来中止合同。比如，合同价格为 20 美元，几个月后，近期月份期货价格上升到 24 美元，对方可以要求 MGRM 支付 2 美元的差价而中止合同。

大多数远期供货合同是在 1993 年夏天石油价格低迷（17—19 美元/桶）并且继续下跌时商定的。终端用户认为这是锁定低价以保障未来供货的好机会，因此愿意支付 3—5 美元的溢价。就这样，MGRM 陆陆续续签订了约 1.6 亿桶供应原油、加热油和汽油合同，合同总价值为 40 亿美元。

不难理解，MGRM 面临的风险是油价上涨，如果价格上涨 3—5 美元，溢价就会被吞噬；如果价格上涨得更多，会导致巨额亏损。因此，公司决定运用石油期货和互换进行避险。如果 MGRM 能够成功地回避价格风险，将可能产生约 6 亿美元以上的利润（4 美元 × 1.6 亿桶）。

由于 MGRM 和客户的合同长达 5 年或 10 年，而期货合约最长只有 36 个月，而且远期的期货合约流动性很差，MGRM 交易的多数是近期月份。在这种情况下，MGRM 不得不采用转期策略来应付。一开始持有较近月份合约的多头，随着交割日的来临，将这些头寸平仓的同时再买入后面的合约。当然，在数量上应该减去已经交割给客户的数量。然而，不难想到，转期策略在远月期货价贴水时可以使得这种连续滚动方式产生额外盈利；相反，如果远月期货合约升水，将导致转期亏损。从历史上看，石油市场有时是升水，有时是贴水，但更多的是远期贴水。因而，从概率平均的意义上而言，MGRM 可以预计通过转期还将获得额外的利润。总之，过去的数据提供了对预期转期盈利的合理支持。

MGRM 通过期货市场和互换交易进行保值。在期货市场上，到 1993 年第四季度，MGRM 持有的期货多头头寸为 5 500 万桶；而在互换方面有 1 亿—1.1 亿桶，互换的对方都是大的互换交易商，如银行。两者合计几乎和远期供货承诺的 1.6 亿桶相等（套期保值比为 1）。

然而，接下来发生的事情完全出乎人们的意料。

1993 年末，石油现货价格从 6 月时的每桶 19 美元下跌到 15 美元，同时，在 1993 年的时候，石油市场进入了远期升水阶段。价格下跌导致 MGRM 的多头头寸产生了大量的亏损，尽管这一损失可以有远期现货合同的账面盈利抵消，但现货远期供货的盈利必须到交割时才会体现出来。MGRM 不得不在期货上追加大量保证金。另外，远期升水阶段又使 MGRM 在转期时又增加了额外亏损。

1993 年 12 月初，NYMEX 鉴于 MGRM 的头寸过大（最高峰的时候，MGRM 的期货购买量达到了 NYMEX 原油期货总持仓量的 20%），决定取消 MGRM 的“套期保值优惠”，将保证金提高一倍。MGRM 的苦难开始了。MG 监事会对事件进行紧急调查并在短时间内做出了处理决定，认为亏损是由大量投机造成的，因此将 MGRM 董事长和财务总监以渎职和误导的理由“炒了鱿鱼”，同时将 MGRM 的石油期货平仓，并且通过支付违约金的方式解除了远期供货合同。当时的报告显示，MGRM 在期货和互换上的损失高达 13 亿美元，损失额超过 MG 的一半资本，只是由于一笔巨大的 19 亿美元拯救计划才使 MG 不致破产。

从事后看，MG 监事会做出了最糟糕的决定。自 1993 年 12 月 7 日清盘到 1994 年 8 月 8 日期间，原油价格从每桶 13.90 美元上涨到 19.40 美元，而且石油期货又回到远期贴水阶段。清盘发生在最不理想的时刻。同时，清盘计划不仅放弃了远期供货合同可能发生的至少可以抵消部分衍生品亏损的未实现盈利，还多赔了一大笔违约金。如果不清盘，将计划继续执行下去，最终不但不会亏损，初始目标是完全可能达到的。

在案例 6 中，监事会认为亏损是由大量投机造成的，但许多学者（包括诺贝尔经济学奖获得者米勒）对此研究之后发表了不同看法，也因此引起当时一场规模颇大的争论。反对者认为：这是套期保值而不是投机交易。当然，这个套期保值方案中有漏洞或不合理的地方，MGRM 对套期保值将会面临的风险估计不足，再加上高层公司的不理解及措施不当，最终导致套期保值失败。

有学者指出：不合理的会计准则也是导致失败的原因之一。在德国的会计惯例中，衍生品交易持仓头寸的浮动亏损要在每一会计期末计入公司的财务报表，持仓头寸的浮动盈利却不能计作公司的利润，这样的账务处理确实是遵守了谨慎性原则，但在本案例中却起了反作用，误导了那些还不了解事件全部情况或虽知道一些情况但没有足够时间或能力进行专业判断的投资人和债权人，这在一定程度上堵塞了公司的融资渠道，加剧了危机。结果公司的亏损被夸大，被不合理的会计准则确定为“投机”而造成亏损，这也影响了 MG 监事会的决策。

事实上，MG 并不缺乏资金。MG 在 48 家银行还有未曾动用的 15 亿马克的信用额度。另外，1993 年 12 月，MGRM 在将其远期供货合同进行证券化的基础上还有融资机会。最后，MG 的大股东是德国两家最大的银行，它们有资金可以支持一个被认为是合理的策略。唯一的解释就是 MG 的管理层认为套期保值策略是不合理的，因此做出了一个令人遗憾的决定。

6. 套保从计划开始，保值力度至关重要

套期保值的目的是规避现货价格的风险。但是，一旦进入期货市场，就必须接受期货市场的一系列规定，接受套期保值交易自身可能带来的风险。因此，对企业而言，在决定进行套期保值之前，全面估量可能存在的风险，制订出一套适合自己的套期保值计划不仅是重要的，而且是必要的。没有计划的套期保值，就像盖房子没有图纸一样——难免付出惨重的代价。

企业在制订套保计划之前，首先要进行战略思考及战略规划。所谓战略思考及战略规划，是指企业要事先考虑与套期保值有关的一些重大问题。这些问题应该是企业领导人在专家的帮助下亲自解决的。比如，企业面临的价格风险有多大；有没有必要进行避险交易；市场上存在着多种对冲方式时应该如何选择，是选择期货还是期权；企业能否在资金、人才、制度上做出合理的安排，以支持期货交易的要求；企业在进行套期保值时，应该制定怎样的原则、操作流程及风险管理制度。

套期保值计划的内容主要涉及保值工具、保值数量、保值时间、保值价格四项。其中，保值工具是确定选择哪个交易所、哪个品种、哪种方式（期货还是期权，买还是卖），甚至是哪个合约来进行交易，在确定时必须考虑该工具对企业的适用性。

保值数量是确定保值交易的头寸数量及分布，在计划时既要考虑企业的实际需要，又要考虑到匹配资金的能力。

保值时间是保值头寸持有的时间跨度，它与企业现货敞口风险的时间跨度有关。

保值价格是保值头寸的建仓价格，合理的建仓价格不一定是企业的理想价格，必须既考虑到企业的现货业务、生产成本，也考虑到市场价格，包括现货价格、期货价格及两者间的基差。

套保计划必须具有可行性和一定的灵活性。比如，超出资金允许或一旦发生交割无力实现的方案都是不可行的；当交易量颇大时，不考虑市场的流动性也是不合理的。灵活性主要体现在建仓的时机和价格及平仓的时机和价格上，一般可以规定一个区间及幅度，以便操作人员根据市场实际情况进行操作。

完整的套保方案还应该包括方案的风险评估，制定不同情况出现后相应的对策，包括危机处理方法。

上述计划涉及很多方面，前面一些问题属于战略层次，后面一些问题属于战术层次。有必要对最前面两个问题作更进一步的分析。

企业面临的价格风险有多大，有没有必要进行避险交易，最终都要落实到当前应该实施的保值总量为多少。这个问题则必须对企业经营状况及市场状况进行综合分析之后才能确定。对此，大家可以参看前面的“原则应该坚持，但不能囫囵吞枣”中的“保值力度”概念。比如，市场价格相对比较稳定，企业经营受价格波动影响较小，在这种情况下，企业进行套保的紧迫性并不强，这时可以决定暂时不进行套期保值或者仅仅进行少量的套期保值交易；反之，在市场价格波动较大，企业经营受价格波动影响较大的情况下，参与套期保值的必要性非常突出，保值的力度就应该加大。比如，石油市场价格波动频繁而且激烈，对航空公司而言，航油占航空公司的成本比重又非常高，因此对油价进行套期保值应该成为航空公司财务运作的一项重要业务内容，由于需要长期运作，很有必要设立专门的部门负责此项业务。

在保值力度上，必须再强调两点。其一，保值力度的天花板是100，超出100肯定就是投机，应该牢记株冶过量套保的血泪史，这一点大家都容易接受。重要的是其二，应该进一步认识到，“超过需要的套保也是投机”，必须警惕有关套保论述中的一些似是而非的说法，比如轻描淡写地明示或暗示：因为套期保值后锁定了价格，隔离了风险，因而操作是无风险的。但实际上期货交易天然就是具有高风险特征的衍生品工具。在套期保值的过程中，你的期货持仓与投机者的持仓同样必须遵守期货交易的管理规则，同样会面对盈利的喜悦与亏损的煎熬，同样会在无法追加保证金时被强行平仓。

因此，对那些在年度中需求原材料或销售产品比较均衡的生产型企业而言，保值力度达到80以上已经属于高保值力度了，没有必要追求百分之百的保值力度。将套保的基准放在50，根据市场情况有所增减是比较稳妥的做法。“套保路上的最大磨障——期货大幅亏损”中的两个案例，都是套保者满打满算不留余地。第一个案例是差一点被砍仓；德国金属公司更是胆比天大，企图将未来10年的现货合同风险毕其功于一役地在期货市场中解决，结果反被期货市场所吞没。

当然，对那些贸易型公司或保值时间较短的一次性业务，针对风险敞口进行全额保值另当别论。比如，进出口商或压榨企业进口一船大豆，针对该船大豆进行全额保值交易。又如，某出口企业3个月后可以结汇一大笔外汇资金，因为担心届时人民币升值而通过银行进行全额远期结汇。

7. 套期保值的建仓，一锤子买卖好不好

建仓是套期保值交易的开端，什么时候建仓，怎么建仓？是一步将计划的保值数量全部建完，也即进行“一锤子买卖”式的建仓，还是按时间分批建仓或者按照不同价位分批建仓？

“一锤子买卖”式的建仓可称为“单一目标建仓策略”，是指企业在市场条件允许下，当计划保值设定的目标价位已经达到或可能达到时，企业在该价位一次性完成保值操作。从理论上看，的确是不管今后市场如何变动，企业产品的采购价或售价都被锁定了，市场上的价格波动对企业不再产生实质性影响。该策略的特点是目标明确、操作简单，可以限制企业的投机性思维。尤其是当价格走势与原来设想的价格走势相符时，更显得当初建仓时的果断是正确的。在这种情况下，由于期货持仓是获利的，一切都显得顺风顺水。但是，从实际操作中看，一旦市场走势与原先预想的情况相反（买期保值遇到期货价格大跌，卖期保值遇到期货价格大涨），就会非常被动。一是随着期货亏损额逐渐增加，追加保证金的压力越来越大，如果原先估计不足，没有足够的资金追加保证金，完全有可能导致套保失败；二是即使有足够的资金不断追加保证金且坚持到最后，但由于保值价位早早地被一次性锁定，事前看还可以接受，而事后来看却是非常吃亏的；三是由于“一锤子买卖”导致本来在套期保值过程中可以适度机动进一步提高保值效果的余地丧失，因为在亏损的情况下，患得患失的心态最重，要做出机动决策的难度是非常高的。在前文的“案例3”中，电解铜企业在铜价涨至2.2万元/吨的历史最高价，认为已经是合适的卖期保值机会了，因此大量卖出期货。还好当期货上涨至每吨2.28万元左右时发觉苗头不对及时平仓止损了，最后在期铜涨至3万元

时重新入场建立了卖期保值头寸。如果当时一拖再拖，后续资金跟不上，结局难以预料。即使能挺过去，其实际的套保效果也是非常不理想的，因为在铜价 3 万元时回头一看，自己的铜全在 2 万多元的低价卖完了。

多级目标建仓策略是指企业在难以正确判断市场后期走势的情况下，为避免一次性介入期市造成重大损失，从而设立多个保值目标价位，分步、分期在预先设定的不同目标价位上按计划进行保值操作。在实施分步、分期保值损失操作时，通常又有两种策略可以采用：一种是均衡进入保值策略，即在各级目标价位上等量实施保值操作；二是逐级增加保值策略，即在更满意的下一级目标价位逐步加大保值力度。该策略的特点是具有更大的灵活性和弹性，在市场呈现大牛市或大熊市时，可以有效抓住不同价位进行战略性保值，逐步提高或降低平均保值价位，避免给企业造成较大的机会损失，有效地提高企业利用市场机会的能力，增大企业的获利空间。比如，在前文的“案例 3”中，鉴于期货已经创新高，有可能出现趋势行情。如果一开始不是大量卖出，而是采取分批建仓的办法，且在开始时采用小规模建仓方法，之后逐步增加建仓，不仅追保压力可以减轻，保值均价也会大幅提高。

应该说，两种不同的建仓策略在不同的行情走势上表现是不一样的。事实上，保值者在选用建仓策略时也都会对未来行情走势有一个基本判断。采用一锤子买卖策略的隐含前提就是认为现在这个价格是有利的，且担心这有利价格不会持久存在，因此赶紧押上全部仓位；分步建仓的隐含前提是现在这个价位是有利的，但未来很有可能出现更有利的价格，因此目前建一部分仓是合适的，可以等到更加有利的价格出现时再增加部分仓位。

套期保值者通常都是与现货有关的企业，他们对市场非常熟悉，这当然是一个优点。但是，某种程度上，正因为对市场太熟悉了，对后市的看法很容易受到惯性思维的影响。比如，在一波较大的上升行情发生之前，价格通常会呈现极度低迷。对企业来说，由于一直沉浸在这种极度低迷之中，感受自然会更加强烈。这种感受会使他们对后市非常悲观。一旦价格有所回升，供应商会觉得在这时进行套期保值卖出已经很满足了，但后来的事实表明卖得太早了。相反的情形是在一波大跌行情之前，价格会呈现极度高亢。高亢的氛围环境下，一旦价格有所回落，就会感觉应该赶紧进行买期保值，但后来的事实表明买得太早。这就表明，提高对后市的判断能力，不仅是投机者的必修功课，也是套期保值者必须认真对待的一项功课。

在价格预判和风险控制方面，套期保值者可以向一些经验丰富的投机者学习。比如，趋势投机者强调行情的趋势判断，不斤斤计较于某一价位，主张顺应趋势，不轻易判断市场的顶点和底点，并在交易中设置止损目标。这些都是值得套保者借鉴的。

8. 监督和内控制度决不能缺——中航油的教训

企业必须明白，套期保值交易具有防御性特征。作为套期保值者，进行交易的最终目标是保值。

道理不难明白，但期货交易大赔大赚的诱惑实在太大了，以致一些企业在套期保值过程中经受不住诱惑而失去了初心，逐渐滑向投机深潭，直到栽了大跟头才省悟。比如，有的企业一开始是为了套期保值而从事期货及衍生品交易的，但在初战告捷，特别是连续几次获得成功后，觉得在期货或衍生品市场挣钱远比做实业容易，以为自己对市场已经十分熟悉，可以“胜过投机者”，于是在交易中渐渐偏离了套期保值的方向而转向投机。一开始可能是过度保值，到后来索性“甩开膀子大干”了。相反的情形则是当套保头寸失利时仗着自己的实力，不甘认赔，当损失进一步扩大时觉得无法承受，于是想方设法进行挽救。在强烈的挽损愿望下，套期保值的初衷早就丢光了，剩下的只有投机，甚至是加大投机力度。

避免诱惑的唯一办法就是不忘初心并强化内控制度和监控制度。套期保值者面临的风险既有内部风险也有外部风险。内部风险与人为错误、系统失灵以及程序步骤或控制措施不当有关。操作风险造成的后果可能极为严重，比如，引起国际期铜市场极大波澜的滨中泰男，导致住友商社损失 30 多亿美元；百年老店的巴林银行居然被一个名叫里森的交易员搞得最终不得不破产；中航油在1994年惨亏5.5亿美元的案例也是一个沉重的教训。这些案子的最终原因，或者是内部管理制度疏漏，使一线交易员可以胡作非为，或者是决策者自己有章不循，抱着侥幸心理。搞垮巴林银行的里森集交易、结算和监管大权于一身；引发住友事件的滨中泰男也是同时集交易部负责人、交易员、会计、出纳于一身；中航油案例中，主要负责人陈久霖凭借以往的光辉业绩，可以独断独行，内部监管控制机制形同虚设，集团公司的外部监管也完全失效。正是这种制衡机制的缺失为他的豪赌提供了土壤。当大祸已经铸成，这些银行或集团公司知道真相后，也只有接受事实了。

有效的内控制度涉及3个关键点：一是适当的授权，二是重要岗位的分离，三是建立严格的报告制度与及时检查制度，三者缺一不可。

出生于1961年的陈久霖在1997年被派接手管理中国航油（新加坡）股份有限公司（CAO）。在总裁陈久霖的带领下，CAO从一个濒临破产的贸易型企业成为国际性石油公司，净资产从1997年起步的21.9万美元快速增长为2003年的1亿多美元，总资产近30亿元，可谓“买来一个石油帝国”，一时成为资本市场的明星。2001年12月6日，CAO在新加坡交易所主板成功挂牌上市，成为新加坡交易所当年上市公司中筹资量最大的公司。2003年10月，陈久霖被《世界经济论坛》评选为“亚洲经济新领袖”并入选“北大杰出校友”名录。

CAO在1999年进入石油衍生品交易时是有赔有赚的，当时公司有两个交易员私自进行期权交易亏了钱，被陈久霖开除了。这表明公司在刚进入这个市场试水时还是比较谨慎的。2001年开始，公司在石油衍生品交易中赚钱了，2002年2月在获得公司董事会批准之后再次进入期权市场。2003年4月，中国航空油料集团公司成为第二批国家批准有资格进行境外期货交易的国有企业，CAO在取得集团公司授权后开始做油品期货套期保值业务。下半年时因判断石油价格下跌，通过石油期权做空卖出200万桶而赚了3 400万新加坡元，占中航油当年收入的60%。

2004 年 3 月 28 日，油价攀升导致公司做空的潜在亏损额已达 580 万美元。作为主营航油进口的公司，套期保值交易的心态应该是担心价格上涨而导致高价采购，因此套保的方向无疑应该买入。CAO 看跌后市也正常，只要采取保值力度为零的策略就可以。因为看跌而做空，寄望于两头通吃，显然属于投机交易。尽管 CAO 在 2003 年下半年因为做空而获得了不菲的收入，但也只能算是成功的投机并非套期保值的成功。退一步讲，即使认为适度投机也无妨，那至少也得严格执行投机的风控规则吧。

CAO 有风险控制规则吗？有，比如，内部规定非常明确：损失 20 万美元以上的交易，都要提交给公司的风险管理委员会评估；累计损失超过 35 万美元的交易，必须得到总裁的同意才能继续；任何将导致 50 万美元以上损失的交易，将自动平仓。如果 CAO 能够严格按照公司风险管理制度进行决策，毫无疑问亏损额在 580 万美元之前就应该止损出场了。遗憾的是，面对 580 万美元的亏损，CAO 不甘心认赔，在某国际大银行的鼓动下，他们决定将亏损的看涨期权空头头寸展期并卖出更多的看涨期权。这样做的好处是，通过卖出更多的看涨期权可以收到一笔权利金，这样不仅可以堵掉眼前的亏损窟窿，如果油价回落，还可以反败为胜，这种套路实际上也就是投机中的通过更多的卖出提高卖出的平均价。

但在 2004 年第一季度的 3 月 28 日，由于油价攀升（见图 8），公司做空的潜在亏损额已达 580 万美元。作为主营航油进口的公司，套期保值交易的心态应该是担心价格上涨导致的高价采购，因此套保的方向应该是买入。CAO 看跌后市也正常，只要采取保值力度为零的策略就可以。因为看跌而做空，寄望于两头通吃，显然属于投机交易。尽管 CAO 在 2003 年下半年因为做空而获得了不菲的收入，但也只能算是成功的投机，并非套期保值的成功。退一步讲，即使认为适度投机也无妨，那至少也得严格执行投机的风控规则。

然而老天不作美，随着油价持续升高，至 2004 年 6 月，CAO 的潜在亏损额增加到 3 000 万美元左右。于是公司再次展期，再次加大做空量。2004 年 10 月，国际原油期货价格创 55 美元/桶新高，至 10 月 10 日，公司的潜在亏

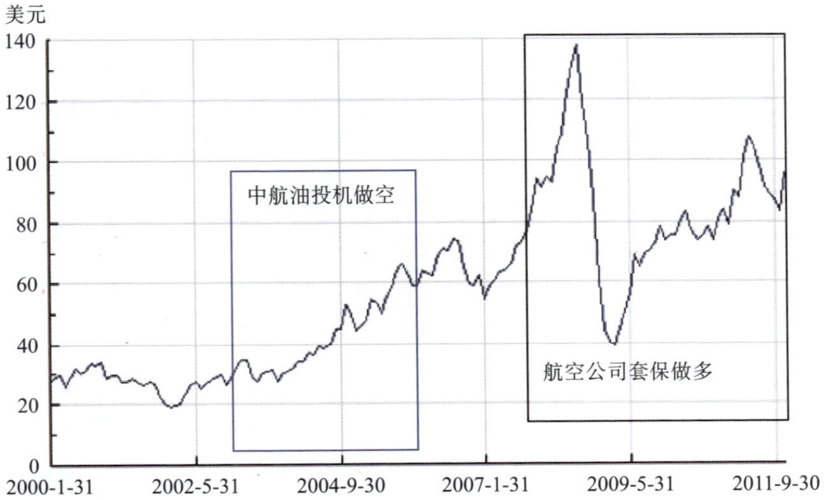

图 8　2000—2011 年 WTI 原油月平均价

损额已高达 1.8 亿美元，卖出的看涨期权合约达到 5 200 万桶石油的巨量，是公司每年实际进口量 1 700 万桶的 3 倍多。持续不断地补充保证金几乎耗掉了 CAO 所有的可用资金，包括原计划安排用于战略投资的资金和流动资金贷款。为了支付交易商追加的保证金，避免被交易对手清算，CAO 不得不向母公司呈报交易和账面亏损。至此，母公司方知 CAO 已经危在旦夕，但在知晓情况后，也未要求按照风控规则进行平仓止损，而是积极施救。10 月 20 日，母公司以私募方式卖出手中持有的 15% 的股份，获资 1.08 亿美元，立即交给 CAO 用于保证金的支付。

10 月 26 日和 28 日，CAO 的交易对手日本三井公司发出违约函，催缴保证金。CAO 被逼强行平仓，造成实际亏损 1.32 亿美元。11 月 8 日到 25 日，CAO 不断遭到诸多国际投行逼仓，截至 25 日，实际亏损高达 3.81 亿美元，相对于其 1.45 亿美元的净资产已经资不抵债。11 月 29 日，在亏损 5.5 亿美元后，CAO 宣布向法庭申请破产保护。陈久霖在 2006 年 3 月被新加坡初等法院判处入狱服刑 4 年零 3 个月，判刑原因是股东售股拯救公司没有向交易所呈报亏损。

公司的风控制度规定，任何将导致50万美元以上损失的交易，将自动平仓，但最终以亏损5.5亿美元收场，这个金额足以让公司自动平仓1 100次！更奇怪的是，10月10日，当公司潜在亏损额已高达1.8亿美元时，母公司才知道情况，难怪媒体在报道时将这一事件称为“中国版的巴林事件”。

9. 不以成败论英雄，正确评价套期保值效果

套期保值的评价是在套保活动结束或告一段落之后进行的。当然，也有因为在套保中途套保工具端出事了——比如巨额亏损无法满足追加保证金——不得不由公司最高层或上级出面紧急处置，在处置之前必须进行评价。一些较大的公司或上市公司因为有着较大的社会影响力，加上套保数量较大，一出事就是大事，极易引起媒体关注，立刻成为新闻热点，引发各种各样的评论。其中，既有中肯的评论，也有不少滥竽充数的外行之说。

评价工作的重要性在于它能很好地总结经验教训，以发现当初的方案有哪些成功之处，哪些不足之处，有哪些应该改进的地方。不断总结经验教训，对于提高企业在今后套保活动中的能力和水平是非常有益的。不过，总结时要避免两个倾向：一是期货端只能盈利不能亏损，只将期货端盈利的交易称为套期保值交易，期货端亏损就归结为投机，这种倾向实质上是把投机交易的评价标准套用在套期保值头上，混同了期货交易与投机交易之间的区别。二是轻飘飘地充当事后诸葛亮，并且简单地拿事后价格的变化来讥讽套保者当初是如何如何的头脑简单。

合适的评价首先应该是从企业的整体经营目标出发，将期、现两个市场结合起来进行，看是否实现了当初降低价格风险的目的。在这种情况下，回顾当初制定套保方案时的初衷及忧虑是非常有必要的，从中也可发现当初思考的欠妥之处。其次，企业该不该保值，进行保值交易有多大好处，不能从单纯的一次操作中看期货市场是否赢利，而应该就整体而论、从长期效果来看。最后，对那些套保失败的项目，也应该实事求是地找出导致失败的真正

原因以及关键因素，比如是内控制度或监督制度缺失，还是违背了套期保值四项基本原则，是过量套保，还是遭遇极端行情，抑或是其他原因导致。

在当今众多的大宗商品行情中，石油可以说是波动涨跌最厉害的一个品种，几个月内上涨 50% 或者下跌 50% 的行情比比皆是。与石油相关的企业经营规模通常都比较大，如石油公司、石化公司、航空公司等，套期保值的需求量自然不会小，一旦在期货端失利，爆出来就是热点新闻。2008 年以东方航空公司（以下简称东航）为首的众多航空公司陷入套保危机就是一个典型案例。

2003 年开始，东航就已经涉足套期保值交易，从 2006 年年报有披露开始，直到 2008 年 6 月份之前，东航的燃油套期保值业务头寸一直都有盈利。截至 2008 年 6 月 30 日，国际油价为 140 美元/桶时，东航航油期权合约资产尚有 4.17 亿元。

2008 年 7 月 11 日，国际油价在飙升至每桶 147.27 美元之后突然调头下挫。到 2008 年 12 月底，国际原油价格一度跌破每桶 40 美元，跌幅超过 70%。本来油价下跌对航空公司来说是件好事，然而因为担心上涨而进行买期保值，当石油价格狂跌时，这些航空公司在石油衍生品上遭受的亏损可想而知。

2008 年 11 月 27 日，《关于航油套期保值业务的提示性公告》指出：截至 2008 年 10 月 31 日，东航套期保值亏损共计 18.3 亿元，实际亏损将随航油价格变动（10 月 31 日油价跌至 65 美元/桶）。之后的 11 月，东航发生实际现金损失约 42 万美元；12 月实际赔付约 1 415 万美元。2009 年 1 月 12 日，东航发布公告称，公司航油套期保值合约于 2008 年 12 月 31 日的公允价值损失约为人民币 62 亿元（未经审计），当时的油价约为 45 美元/桶。公司年报显示，套保头寸按公允价值计算为损失 65.18 亿元，当年净亏损高达 139.28 亿元，创下民航史上最大亏损纪录，几乎占全国民航业亏损额的一半。东航至 2008 年底的净资产为 −115.99 亿元，每股净资产 −2.38 元，公司股票也因此被戴上 ST 的帽子。

东航捅了一个天大的窟窿。舆论更是不依不饶，各种专业的和非专业的声音纷纷出来指责或评点。有的指责东航没有获得境外套保的资格因此属于违规；也有的说东航不通过期货交易所而通过与国际投行签订的场外结构性期权合约进行套保是上了人家的当，期权买方与卖方权利不对等，是不平等条约，由此有人认为应该通过诉讼减少损失；还有的说东航结构性期权中的卖出期权不能算套保，只能算投机，因此下结论说东航的套保方案实际上是投机方案；更有人直骂国有企业看错方向，水平太臭。种种说法，不一而足。

那么，东航的交易行为究竟是投机还是套期保值？

案例7

东航套期保值交易剖析

2008 年东方航空半年报显示“公司在 2008 年 6 月 30 日签订的航油期权合约是以每桶 62.35—150 美元的价格购买航油约 1 135 万桶，并以每桶 72.35—200 美元的价格出售航油约 300 万桶，此等合约将于 2008—2011 年到期”。这个合约形式跟 2007 年披露的基本一样，但套保数量是上年的 1.4 倍。

记者专访东航财务总监罗伟德和东航专门从事燃油套保的相关人士后知悉，东航签订的期权合约组合形式主要是买入看涨期权、卖出看跌期权和卖出看涨期权这 3 种。

买入看涨期权

即东航以约定价（比如半年报中提到的最高价每桶 150 美元）在未来规定的时间从对手方买定量的航油，行权日时东航有权选择是否购买，如果行权日时市场价高于约定价，东航肯定要买的；反之，如果行权日时市场价低于约定价，则肯定不买。然而，得到这个权利可不是免费的，东航要付出一笔称为权利金的费用给对方，权利金的多少与定约价格的高低及时间长短有关。

卖出看涨期权

在本案例中，卖出看涨期权即东航以更高的约定价（如半年报中提到的最高价每桶 200 美元）在未来规定的时间向对手方卖定量的航油，行权日时对手方有权选择是否买航油，东航必须接受。当然，对手方买入这些看涨期权，也得支付权利金，不过在相同时间点，当定约价更高时，权利金也会小得多。

有人认为，作为需要大量采购航油的东航担心价格上涨而买入看涨期权是合理的套期保值行为，而卖出就不对了，因为一旦油价上涨，你得按约定价卖油给对方，不是与套保方向相反么？其实不然，如果你在低约定价买进了看涨期权，再在高约定价卖出，即使价格上涨超过高约定价，也不会有风险，因为可以以低约定价买进的油交割给对方，相当于赚了两者间的差价（当然还得扣除两者间的权利金差价）。

卖出看跌期权

本案例中卖出看跌期权即对方以较低的约定价（如半年报中提到的每桶62.35美元）在未来规定的时间卖给东航定量的航油，行权日时对手方有权选择是否卖油，如果到时市场价高于约定价，对方肯定选择不卖了，东航因此可以白得一笔权利金；如果到时市场价低于约定价，对方肯定选择卖出，东航必须接受。

从实际后果看，正是这些合约将东航砸得头破血流。一些事后诸葛亮式的评议纷纷指责东航卖出看跌期权是投机活动，但实际上也有偏颇。如果市场价跌破62.35美元，公司必须以62.35美元买进，等于是当时将采购价格固定在62.35美元。试想，当初期货石油价都在130美元/桶之上，如果通过买进期货进行买期保值，与卖出看跌期权相比，结局不是赔得更多么？为什么赔的更多的可以算套期保值，赔的少的反不能算套期保值呢？

场外交易

通过场外交易而不是通过期货交易所进行套期保值也是东航被广泛指责的一个理由，但这种见解又不乏谬误。场内交易有其长处，但并不能包打天下，满足所有企业的需求。其一，通常的期货合约都是近期比较活跃，时间稍长的合约要么还没有挂牌，要么无人问津，流动性几乎为零。还记得前面德国金属公司惨败的案例吗？该公司将10年的保值交易全押在原油期货的近期合约上，然后再不断向后转期，但每次遇到后期合约升水时就会被“剥一层皮”，而且不断转期还会增加手续费支出。其二，期货市场采用保证金制度及逐日盯市当天结清制度，而场外交易是大企业或机构之间凭信用进行的交易，不需要保证金，也不采用逐日盯市制，通常都是在合约到期时直接按差额进行盈亏清算。记得东航的公告中屡屡出现“公允价值”这个词吗？其含义就是没有到期的合约若按当前价格清盘计算的价值。幸亏东航采用的是场外交易方式，如果采用了期货方式，2008年底－65.18亿元的公允价值就是实亏了，如果追加保证金不能及时到位，也许在10月底时亏损18.3亿元就已经爆仓出局了。还是看德国金属公司惨败的案例，不就是因为无法及时追加保证金而在黎明前的黑暗中猝死的吗！

进入2009年，随着石油期货价格的回升，东航的公允价值亏损数额也开始缩小了。表11的数据摘自东航历年的年度报告。从表中可见，2009年的公允价值已缩小为－11.265亿元，2011年进一步缩小为－1.126亿元；同时，由于公允价值亏损值缩小，净资产及每股净资产也在快速回升，2011年每股净资产达到1.81元，是2007年0.59元的3倍。

表11　　东航公允价值历年变动值

年份	公允价值（亿元）	净利润（亿元）	净资产（亿元）	每股净资产（元）
2007	0.578	6.04	25.18	0.59
2008	－65.18	－139.28	－115.99	－2.38
2009	－11.265	7.12	33.66	0.32
2010	－2.454	53.80	155.77	1.38
2011	－1.126	48.87	204.37	1.81

当初，罗伟德在接受记者采访时强调说，“东航没有投机，只是的确没有料到油价下跌幅度会如此之大”。从前面的分析及事后结果看，这一说法还是可以接受的。2008 年的油价暴跌实际上是美国次贷危机引发全球金融危机的组成部分，在金融危机爆发之前，几人能够提前预测？全球航空公司，包括美国的航空公司在内的套保头寸在这次金融危机中普遍受损，国内的中国国际航空公司、上海航空公司等凡是参与套保的航空公司也同遭此难，不足为怪。

东航的交易行为可以定性为套期保值。但是，的确也应该看到他们的套保方案是存在瑕疵的，尤其在保值力度方面，严重缺乏整体性和战略性眼光。当时罗伟德出面说明，东航至 2011 年的套保合约为 2 463 万桶，合 312 万吨，相当于每年 104 万吨，是东航董事会授权交易数量的 74%。从其表述看，似乎没有超量没有违规就“OK”了。但必须认识到，74% 的保值力度并不低，更何况是 3 年的，要知道期货交易是逐日清算，场外期权也需按市价进行公允价值计算，3 年的 74% 相当于一年的 222%，一旦市价走势对持仓头寸不利，面临的财务压力将直线上升。从前面的图 8 可见，自 2002 年开始，油价从 20 美元启动，接连多年上涨，东航自 2003 年开始进行套期保值交易，由于油价持续上涨契合其买入套保的方向，衍生品交易端年年有收益。正因如此，胆子也会越来越大，导致 2008 年的套保数量比上年扩大了 1.4 倍。价格越高，规模越大，一旦遭遇价格暴跌，自然会将多年累积的套保收益悉数抹尽。从油价的历史看，相隔几年就产生一次暴跌情况，因此对于时间较长的套保头寸，应该考虑到出现暴跌并非小概率事件，不应一味沉溺于短期的市场感觉。更合理的做法应该是，在油价低位时加大套保力度，在高位，尤其在迭创新高时，降低保值力度。

套利交易篇

套利交易，是期货交易中常见的一种交易方式。套利交易既不同于套期保值，与纯粹的单边投机也有区别。套利交易盛行，不仅有助于期货价格趋向合理，而且增加了期货交易的流动性。本篇对套利交易的原理、各种形式及常规方法进行介绍。

一、套利那些事

1. “杨百万”的活计与中间商的套路

说起套利交易，很多人会觉得那可是高大上的金融交易，认为外行是很难搞明白的。其实，套利交易并没有想象中那么复杂，因为套利交易的行为在生活中经常可见，其原理很容易理解。尽管套利的技术似乎有点复杂，但如果能够循序渐进，搞清楚且掌握其要领也不难。当然，希望将套利交易付诸实践且能够从中获利还是需要一定的“修炼”的。

中国证券市场早期有个著名人物被称为“杨百万”，1950年生人，其真名为杨怀定，原来是上海铁合金厂的一名职工。下面是“杨百万”的自述。

1981 年 1 月 16 日，国务院会议通过《中华人民共和国国库券条例》，确定从 1981 年开始发行中华人民共和国国库券。然而，当时规定“国库券不得当作货币流通，不得自由买卖”。为了筹集建设资金，向党员和公务员摊派国库券成为最主要的募资方式。

1988 年 3 月，为了遏制国库券的黑市交易，财政部提出《开放国库券转让市场试点实施方案》，允许国库券上市流通交易。当年 4 月 21 日开始，上海、重庆、武汉、广州、哈尔滨、深圳等七城市率先试点开放。

就在 1988 年的 3 月 28 日，单位说我监守自盗（当时我是仓库管理主任），我含着眼泪毅然从上海铁合金厂辞职。虽然我那时手里还有此前帮妻子工厂推销电线慢慢积累的 2 万元，但未来究竟如何走还在脑子里打转。

1988 年 4 月 21 日，上海开放国库券买卖，那个日子我记得很清楚。我一早赶到西康路 101 号，以开盘价 104 元买了 2 万元年利率 15% 的 3 年期国库券，当天下午发现涨到 112 元了，我害怕跌赶紧把手上所有的国库券卖了。这一次买卖交易赚了 800 元，这相当于我在工厂 1 年的工资。自此以后，如法炮制，一发不可收拾。

可以说，开展国库券异地买卖，我是第一人。由于当时全国并没有形成统一的国库券市场，也由于经济发展程度不同，一些试点城市的银行为了周转资金，往往会出现低于面值（100 元）出售国库券的现象，从而不同城市之间国库券出现了套利空间。

最初，我主要是在合肥、上海之间坐 88 次火车往返，至少有几十次，从最初的 2 万元起家，在复利效应之下，两个月就赚到了 10 万元，加之向亲戚借钱使本金不断扩大，短短时间，我已经有百万家产，那时候开始越来越多的人叫我“杨百万”。从第一批 7 个试点城市到第二批 54 个试点城市，我的足迹几乎遍及全国，最远去过新疆、黑龙江。

杨怀定之所以能成为“杨百万”，一方面是因为当初国库券市场的不成熟提供了套利机会，另一方面是因为他有一个“敏感”的头脑，能够第一时间发现这个套利机会并立即付诸行动。杨怀定将完全同质的国库券从低价地买进再在高价地卖出，实际上充当了国库券买卖中间商的角色，属于现货市场中的套利者。事实上，现货市场中的流通商人或中间商都是套利者。注意，在市场经济中，“套利”并非贬义词，中间商在套利过程中支持了生产企业，提供了服务，也促进了商品流通，套取的利润有多大？那就得看中间商的眼光了。

老丁在网上看到一个小家电，恰好是家中需要的，一看价格为50元，于是就下单购买。孰知第二天打开手机，发现另一家电商跳出来的广告中正好有一款与昨天购买相同的产品，而价格只要35元。对两家商品的标签及说明进行比对后发现，这两个产品实际是同一厂家的同型号产品。于是老丁立刻对昨天下的单发起售后退款，同时在那家只需35元的电商处下单。一来一回省下来15元，与原来的价格比节省了30%！

一开始老丁还觉得有点对不起前面的那家电商商铺，但转而一想：假定电商商铺的进货及运输成本为30元，卖35元有5元钱的利润，如果这5元钱算正常利润的话，那卖50元的利润就是20元。这个中间商自己不生产，30元买进后50元卖给我，这样的套利简直就是暴利。我之所以发起退货，实际上是针对这种不值得同情的套利行为采取的反套利行动。这样一想，心中也就释然了。

低价购进高价卖出是商人的“天条”，经商的利润从何而来？就是来自买卖之间的差价。然而，将商品的卖价定得太高既会遭到同行竞争的压力，又会吓跑消费者。在定价博弈过程中，消费者实际上是处于劣势的，这是因为消费者在信息掌握上处于弱势地位。然而，当电商崛起并越来越成为消费者购物的主流方式后，消费者在信息掌握上的弱势地位得到很大改善，网上同类产品的信息聚集给消费者提供了反套利的利器。借助现代物流及快递业，不少生产商直接通过网店甩掉了中间商而进入直销模式，他们的口号是“没有中间商赚差价”，中间商凭以往的套路赚钱越来越难了。最典型的莫过于以往的服装商店，不少消费者在店内试衣，觉得满意后用手机将标签拍下来，然后在网上一搜，半价就能买到。消费者嘴上同情实体店，但在实际消费时还是会在网上进行。针对这种情况，一些精明的实体店会让厂家供货时采用不一样的编码标签，让消费者在网上找不到，目的仍是想维持信息不对称优势。尽管此举有一些作用，但对于一些更精明的消费者而言还是无效。

2. 对冲基金在对冲什么

在当今的资本市场或金融市场中，对冲基金在大众心目中可谓神一般的存在。大名鼎鼎的金融大鳄索罗斯旗下的量子基金、詹姆斯·西蒙斯的大奖章基金、雷·达里奥（Ray Dalio）的桥水联合基金，以及约翰·保尔森的保尔森基金，这些名闻遐迩的基金都是对冲基金。对冲基金通常都以私募形式出现，资金实力雄厚，交易策略或手法也与传统的基金不一样。传统基金在资本市场通常将资金分配在股市、债券或现金上，在股市中通过选择股票或股票组合以及择时买进卖出。这种单方向持股策略通常在牛市中有较好的表现，但遇到震荡行情或熊市时很容易遭受风险损失。对冲基金策略的基本特征则是“对冲”。所谓对冲，是指买入一个金融产品的同时卖空另一个和它价格变动相连的产品。

第一个把这个概念成功运用在基金运作上的人是美国的阿尔弗雷德·温斯洛·琼斯。20 世纪 50 年代的时候，他发现所有的股票都和大盘的涨跌相关，因此在股票投资中，琼斯将“卖空”与普通的股票买卖结合起来。一方面，他采取普通的做长线的方式，低价买入几种有投资价值的潜力股票；另一方面，他又融券卖出能够反映市场平均指数的股票，比如融券卖出道琼斯 30 种股票指数的股份。只要买入的长线股票增长幅度高于卖空的指数股票，即长线股票的增长高于道琼斯指数的增长，就会赚钱；相反，如果股市下跌，只要买入的长线股票的跌幅小于道琼斯指数的跌幅，也会赢利。换句话说，通过同时买入和卖空，琼斯使自己的基金有了独立于大盘的走势，消除了市场的风险。

琼斯创造的这种投资策略就是日后对冲基金最广泛使用的“多/空”策略。其神奇之处在于，运用这种策略投资，无论市场是涨是跌，似乎都可以赚钱。琼斯创立的基金按照此策略进行投资，非常成功。1966 年，低调的琼斯第一次被媒体报道，由于其业绩实在太耀眼，迅速激起一股复制仿效潮流。

对冲基金进入快速发展的阶段是 20 世纪 80 年代，金融自由化的发展以及金融衍生品工具日趋成熟和多样化是驱动对冲基金的两个轮子。比如，琼斯在对冲中通过融券卖出能够反映市场平均指数的股票来做空，当 80 年代出现股指期货交易后，通过卖出股指期货替代融券做空不仅可以大幅降低成本操作，效率也更高。又如，在期权交易兴起后，期权这一衍生品工具也成为对冲基金非常热衷的交易工具，基金管理人在购入一种股票后，同时购入这种股票的一定价位和时效的看跌期权（Put Option）就构成一个基本的对冲操作。看跌期权的效用在于当股票价位跌破期权限定的价格时，期权买方可将手中持有的股票以期权限定的价格卖出，从而使股票下跌的风险得到对冲。

利用期货、期权等金融衍生产品对相关联的现货资产进行对冲，可以规避和化解现货资产面临的价格波动风险。还记得“套期保值”中的“等量相反”原则吗，现货上的多头用期货上的空头对冲，现货上的空头用期货上的多头对冲。显然，所谓套期保值交易，就是对冲交易。事实上，“套期保值”和“对冲”这两个中文名词都是同一个英文名词“hedge”的翻译。如果按照中文的含义，可以认为“对冲”有诸多方式，而“套期保值”是特指采用衍生品工具与现货进行“对冲”的交易方式。

套期保值者利用衍生品工具的目的是保值，而对冲基金也经常会在期货和现货中进行对冲交易。他们的目的是保值吗？答案是：不排除特定情况下有此可能，但绝大多数是另有目的。不妨借用前面“基差走弱时套期保值的情况”中的例子来说明。

当时的假定情况为：某投资公司甲担心股市上涨而踏空，决定通过股指期货进行买期保值。在9月18日基差为50.29点时以4686.8点的价格买进IF2020期货合约，然后在12月14日基差为3.04点时卖出期货合约平仓，平仓价为4931.8点，平仓的同时买进同等规模的现货股票，完成套期保值计划。由于基差走弱47.25点，结果是好于预期。

现在再假定某对冲基金在9月18日时持有大量沪深300成分股股票，且准备长期持有，当看到期货价低于现货价50.29点时会考虑，如果卖出股票同时以期货指数代替，等到基差走弱时再换回来不是可以赚些基差么？于是在当日便以4686.8点的价格买进IF2020期货合约，同时卖出对应数量的股票组合。到12月9日，现货指数为4942.7点，期货指数为4954点，基差为－11.3点（参见前面的表9）。该对冲基金立即将期货合约平仓，同时买进对应数量的股票组合。一算账，在不考虑手续费的情况下，每张合约上赚了61.59［50.29－（－11.3）］点的基差。

从形式上看，似乎该对冲基金与投资公司甲的交易方式完全相同，两者有何区别呢？

区别就在于对冲的动机不一样，投资公司甲的对冲是因为担心踏空而买进期货；而对冲基金本可以长久持有股票，没有踏空的担忧，之所以对冲，就是因为基差很高，对冲一下有利可图。如果当时基差只有几个点，投资公司甲因为担忧踏空，还是必须得买进股指期货进行对冲，但此时对冲基金认为，现在对冲是赔本生意，所以不可能进行对冲。

如果要给这种为赚取基差而进行的对冲交易取个名字，最合适的恐怕就是“套利”了。

【小贴士】对冲基金的鼻祖——阿尔弗雷德·琼斯

1900年9月9日出生于澳大利亚的阿尔弗雷德·琼斯，其父是美国通用电气公司的驻澳人员。琼斯在4岁那年随父母迁回美国纽约州，并于1923年从哈佛大学毕业。毕业后，他在一艘货船上担任事务长而得以周游世界。在船上待了1年后，琼斯通过了外交部的考试，成为美国国务院的工作人员。

1930 年 12 月，琼斯被派往美国驻德国柏林领事馆担任副领事。

1934 年，在外漂泊多年的琼斯回到纽约，进入哥伦比亚大学攻读社会学，并于 1941 年获得博士学位，其博士论文《生命、自由与财产》的简要版在《财富》杂志上发表后，因其影响力而成为美国的社会学教科书。与此同时，已届不惑的琼斯终于有了一份稳定的工作——《财富》杂志的记者。1948 年，《财富》杂志向他预约一篇有关股市投资的专稿，为此琼斯做了大量的研究工作，包括对当时已有的市场预测方法和工具进行分析，最后这篇专稿以《预测的时尚》为题发表在 1949 年 3 月的刊物上。在文章中，琼斯使用他擅长的社会学方法对“传统老套的股市预测方法”进行了批评。正是该文的写作成为琼斯转向金融业的契机，因为在批评“传统老套的股市预测方法”时，他常常思考“多/空”策略这一新的投资策略。因为想在投资领域亲自试一试，以致于文章发表前两个月，琼斯决定从《财富》杂志辞职，同时筹集了 10 万美元（其中有他自己的 4 万美元），在百老汇街上租了半间办公室，与人联合创办了一家投资公司。

琼斯新办的公司业绩斐然，成立的第一年投资回报率就达到 17.3%。在 1965 年之前的 5 年里，其收益率是 325%，远远超出当时最热门的共同基金 225% 的收益率。在 1965 年之前的 10 年里，琼斯的收益率差不多是其他竞争对手的两倍。到了 1968 年，琼斯的累计回报率高达 5 000%，远远超过他的竞争对手。

在长期的运作中，琼斯确立了对冲基金的四大特点，这四大特点延续至今。一是 20% 的业绩提成，将基金管理人的激励与基金业绩相挂钩；二是私募形式，把自己的钱也放到对冲基金里，这样基金管理人会更关注亏损；三是对冲，可以做空；四是杠杆，用杠杆去放大确定性比较大的收益。这些规则和习惯日后都成为对冲基金公司固有或默认的行规。

1966 年，卡罗尔·卢米斯《财富》杂志发表文章《没有人比得上琼斯》，其中写到：“现如今，世界上最棒的、最职业的资金管理经理就是这个说话轻柔的、使人印象深刻的男人。”在这篇文章中，卢米斯首次对琼斯基金的安排构造和投资策略及成果进行报导，并且创造出“Hedge Fund”这个词，从此它成为对冲基金的标准名称。这篇让琼斯名扬天下的文章刊发后，迅速激起一股仿效热潮，3 年内至少有 130 家对冲基金如雨后春笋般建立起来，这其中包括后来叱咤风云的索罗斯的量子基金。

3. 期货套利的分野及特点

从前面的介绍可知，套利其实并不神秘。一开始介绍的“杨百万”是国库券上套利的成功者，而现货市场的中间商实际上也是套利者。因为他们一买一卖的交易都发生在现货市场，所以可以称为现货市场的套利。

如果套利交易在期权交易上进行，那么可以称为“期权套利”，而“期货套利”顾名思义就能想到那是在期货交易中套利。

“期货套利”是指套利交易者针对期货市场上的相关合约暂时出现的不合理价格差同时进行一买一卖的交易。如果这种不合理价差缩小或消失，套利者再做相反的买卖，获取套利利润。如果套利交易买卖中涉及的都是期货合约，通常称为“价差套利”。“价差套利”又可细分为“跨期套利”“跨市套利”和“跨品种套利”3 种类型。如果套利组合中一个是期货合约，另一个是现货资产，则称为“期现套利”。

- 跨期套利

同一交易所内同一品种不同交割月份的期货合约，其对应的基础资产是完全相同的，区别仅仅是到期时间的不同，通常称为跨期套利（Calendar Spread）或跨时间套利（Time Spread）。

- 跨市套利

可以发现有些品种同时在多家期货交易所上市的情况，比如黄金期货、铜期货、石油期货以及相同指数的股指期货等在全球多家交易所交易。当套利交易在不同的交易所进行时，通常称为跨市套利（Inter – market Spread）。

● 跨品种套利

大豆期货、豆油期货和豆粕期货，这 3 个期货品种看上去是无关的，但当你知道大豆压榨后的产品就是豆油和豆粕时，就不难想到，三者之间的价格还是有关联的。这些品种不同但有相互关联的商品期货中套利，称为跨品种套利（Inter Commodity Spread）。跨品种套利既可在同一市场中进行，比如大豆期货、豆油期货和豆粕期货都在大连商品交易所交易；也可跨市场进行，比如，螺纹钢与铁矿石、焦煤是关联品种，在我国，螺纹钢在上海期货交易所交易，铁矿石和焦煤在大连商品交易所交易，组合起来的套利就属于跨市套利。

● 期现套利

如果套利是在期货市场与现货市场上进行，则通常称为期现套利（Arbitrage）。比如，当股指期货指数大幅高于现货指数时，卖出股指期货同时买进现货指数代表的一篮子股票组合，就属于期现套利。

四种期货套利类型具有一个共同点，即每一种套利组合中的合约（或资产）都是相关的，且这种相关性是可以理解也可以识别的。相关性决定了它们在价格走势上具有近似性，如果从价差角度考察，价差的波动范围会环绕着平均价差波动，波动幅度是有限的。如果套利组合中的资产不相关，在价格走势上没有相关性，两者之间是互相独立的，那就不能称为套利交易了，即使在形式上是一买一卖，也只能称为两个独立的买卖活动。比如，买进小麦期货，同时卖出石油期货或卖出铜期货，都不能称为套利交易。

套利交易的目的与投机一样也是赚钱，但与投机交易也有不同之处。期货交易中的投机是指单边买进（卖出）期货合约，买入（卖出）投机者寄希望于价格绝对水平上涨（下跌）而获利，价格上涨（下跌）的幅度越大，得到的投机利润也就越高。如果行情走势出现意外，则亏损额也会很大。套利交易则是同时进行一买一卖，盈亏取决于价差变化。因价差的变动幅度一般是有限的，故盈利或亏损的数额不会很大。两者的区别可以归纳为两条：第一，单边交易和双边交易的区别；第二，风险大小的区别。

套利交易对期货市场发挥了正面作用。首先，套利者发现相关合约价格关系不正常时，会积极入市套利。价差越大，套利的积极性越高，套利的人也越多，客观上起到了促使各种价格关系趋于正常的作用，即起到了“纠偏”作用。这对于市场形成比较公平的价格是非常有益的。其次，套利行为有助于市场流动性的提高。套利行为的存在增加了期货市场的交易量，提高了期货交易的活跃程度，起到市场润滑剂和减震剂的作用。这对于排除或减弱市场垄断力量，保证交易者的正常进出和套期保值操作的顺利实现有很大好处。

4. 老马识途——套利分析图表

价差的走势时高时低，套利交易者要进行套利，必然碰到合理价差的判断问题。好在套利组中的品种之间不仅具有一定的相关性，且合理价差某种程度上可以按照大家认可的经济方式进行测算。比如，在期现套利中，期货价格如果高出现货价太多，套利者可以买进现货，卖出期货，即使持有至最后交割，只要期间发生的成本加现货价低于期货价，套利就不会亏损，据此不难测算合理价差。又如，在跨期套利中，远月合约价高出近月合约价的幅度如果大于持仓费用，买近月卖远月的套利通常都比较安全。还有，在同品种的跨市套利中，如果价差超出两地运输及相关费用就显得不太合理了。最后，在跨品种套利中，也可通过对生产成本或加工利润的计算来估算合理价差。

必须指出，合理价差的定量估算只是价差研究的部分工作，套利交易更重要的研究工具还是历史价差图表。对套利交易者而言，历史价差图表的研究是必不可少的。这是因为影响价差的因素并不是单一的，除了合理价差定量估算中的一些影响因素外，价差还会受到其他因素的影响，比如投机因素、季节性因素、供求关系的因素、合约交割规定因素等都会发挥影响作用。研究历史价差资料既可以验证前面的定量测算，又可以帮助我们发现历史上实际价差偏离合理价差的大致范围以及一些特殊规律。这对于提高套利者的判断力是很有好处的，同时对选择套利的合适时机、提高套利交易的成功率也有帮助作用。

历史价差图表的显示，通常有两种方法。一种是价差法，即将价格直接相减，一般适用于度量单位相同的情况。不妨回看一下“套期保值篇”中的图 4 和图 5，两张图都是“现货价 – 期货价”，在套期保值中，这个“差”称为“基差”，但在套利中，这个“差”实际就是“价差”。

图 9 为上海期货交易所螺纹钢期货 7 月合约减 5 月合约跨期价差图，时间从 2020 年 10 月 21 日至 2021 年 2 月 25 日。从图中可见，日收盘价差基本分布在 –70 元和 5 元之间，但如果考虑到成交量意义下的实际价差，由于 2020 年时段 7 月合约成交量太小，基本可以忽略，有效的价差基本稳定在 –30 元和 –10 元之间，价差的波动范围并不大。再看图 10 的分钟价差图（2 月 25 日），日收益价格分布范围在 –23 元和 –15 元之间，价差波动范围只有 8 元。

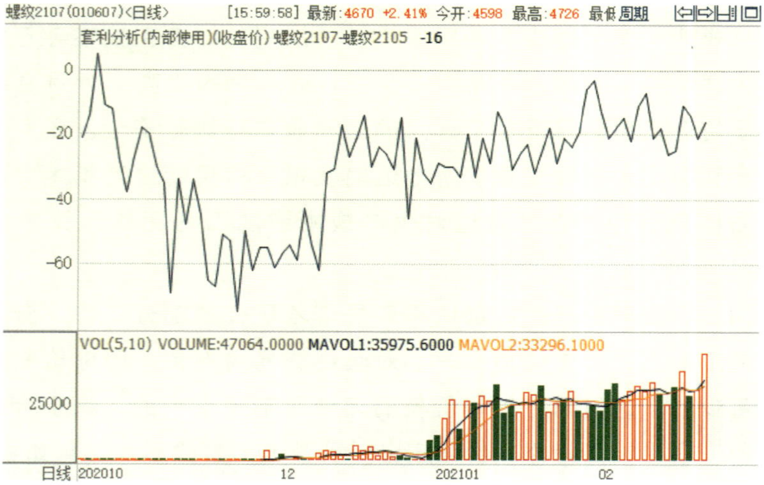

图 9　螺纹钢 7 月合约减 5 月合约日收盘价差

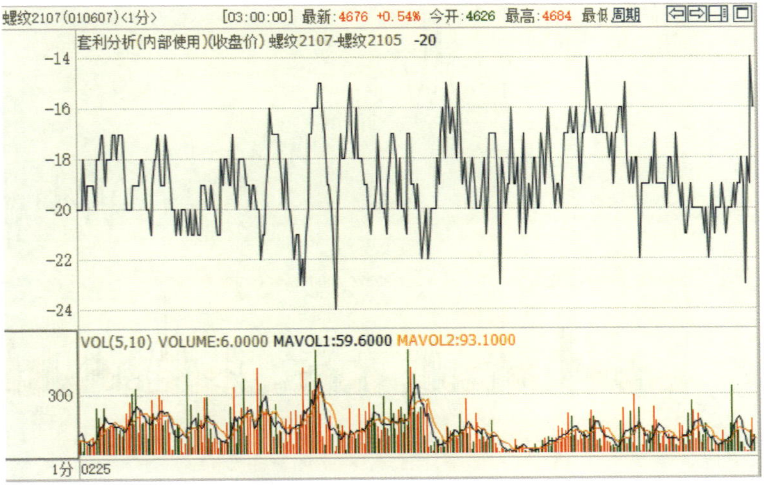

图 10　螺纹钢 7 月合约减 5 月合约分钟价差图（2 月 25 日）

另一种方法是比价法，一般适用于度量单位或货币单位不相同的情况。比如，在涉及不同国家的跨市套利中，由于货币单位不一样，度量单位也不一样，两个价格无法直接相减，只能采用价格比的方法。

图 11 为沪铜连三与伦敦铜电 3 的比价。从图中看，比价从 2020 年 4 月的 8.3 左右一路下跌至 2021 年 2 月的 7.2。可以想到，如果在初时卖出沪铜买进同等数量的伦铜，到期末时平仓是可以获利的。如果进一步探讨为什么比价会持续走低，只要看一下同时期的汇率走势（见图 12）就可以明白，美元汇率从高点 7.19 元一路走低至 6.39 元，沪铜连三与伦敦铜电 3 比价走低背后的真正原因就是人民币汇率的升值。

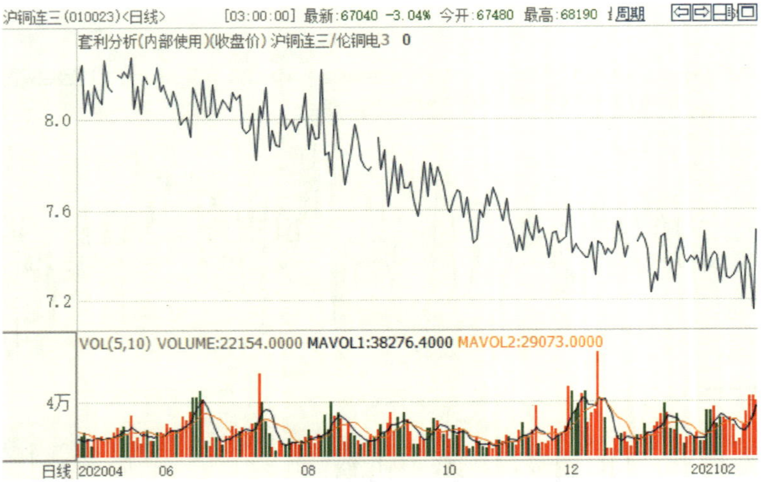

图 11　沪铜连三与伦铜电 3 日比价

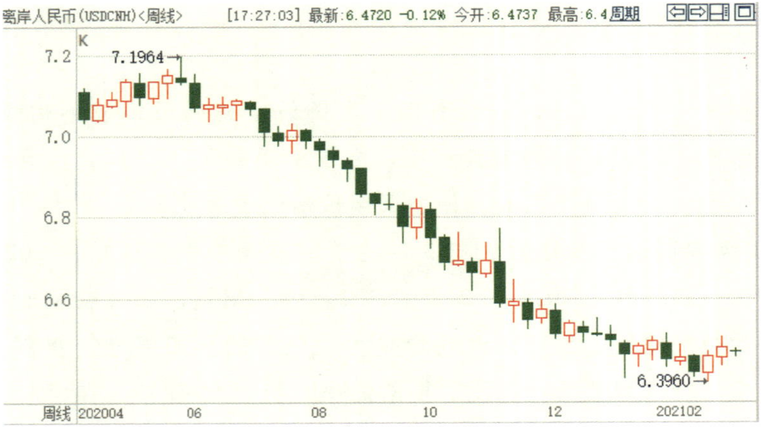

图 12　离岸市场美元人民币汇率

5. 交易所的套利指令

套利交易对维持期货价格合理性以及对提高市场流动性都有好处，因此交易所对套利交易者采取一定的鼓励或优惠措施是可以理解的。交易所采取的优惠及便利措施主要有：第一，收取较低的保证金，比如，在单边买卖一张合约需要 2 000 美元保证金的情况下，进行同品种跨月套利交易的一对买卖保证金可能只要 500 美元。这样可以节约套利者的资金成本，使交易者在同等资金条件下可以做更多的套利交易。第二，较低的手续费。第三，持仓上限的豁免。第四，合约价格的最小跳动点减半设置。第五，开设套利交易通道，将常用的套利配对合约组合成一个套利合约，这样交易者在套利交易下指令时不用分别买卖两个合约，只要输入一个套利合约即可。

国内期货市场中，郑州商品交易所和大连商品交易所都已经推出了自己的套利交易指令。图 13 显示的是大连商品交易所 2021 年 3 月 2 日收盘时的部分套利合约行情，其中第一行"豆油跨期—2109/2111"的含义为"豆油 2109 价格—豆油 2111 价格"，图 14 为该套利合约当日的分时展示。图 13 中第四行的"SPC a2105&m2105"含义为"跨品种黄豆一号 2105 合约——豆粕 2105 合约"，图 15 为该套利合约当日的分时展示。

序↓	名称	最新	幅度%	买价	买量	卖量	卖价	开盘
137	豆油跨期-2109/2111	170	3.66	170	5	3	172	150
138	豆油跨期-2111/2112	64	10.34	64	14	7	66	60
139	豆油跨期-2111/2201	128	6.67	128	6	1	132	104
140	SPC a2105&m2105	2725	4.85	2725	1	2	2750	2550
141	SPC a2107&m2107	2668	5.04	2668	1	1	2705	2501
142	SPC a2109&m2109	2414	5.14	2414	1	1	2446	2088
143	SPC b2103&m2103	---	---	---	0	0	---	---
144	SPC b2105&m2105	800	-2.32	800	1	3	804	817
145	SPC b2107&m2107	651	0.00	651	1	1	851	712
146	SPC b2109&m2109	634	4.62	634	1	5	653	630
147	SPC c2103&cs2103	---	---	---	0	0	---	---
148	SPC c2105&cs2105	-518	-0.19	-518	26	9	-516	-522
149	SPC c2107&cs2107	-461	-0.43	-461	36	35	-457	-463
150	SPC c2109&cs2109	-454	-0.44	-454	14	8	-451	-456
151	SPC c2111&cs2111	-421	-1.64	-421	1	34	-419	-428
152	塑料2103/PVC2103	---	---	---	0	0	---	---
153	塑料2105/PVC2105	550	25.00	550	1	89	560	430

图 13　2021 年 3 月 2 日大连商品交易所部分套利合约行情

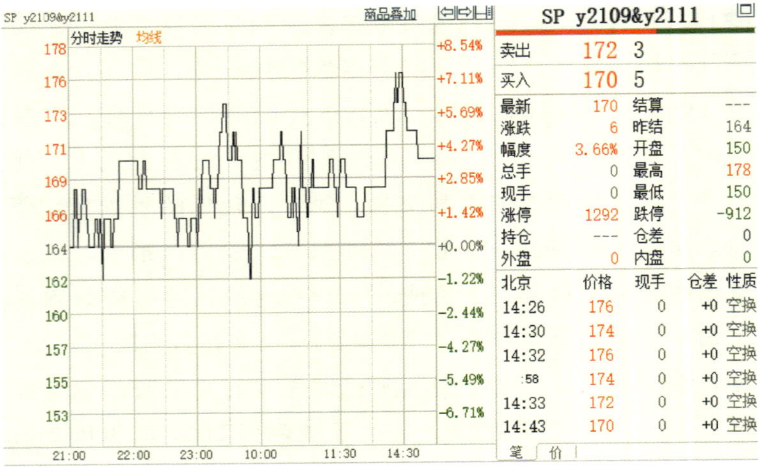

图 14　2021 年 3 月 2 日豆油套利合约分时展示

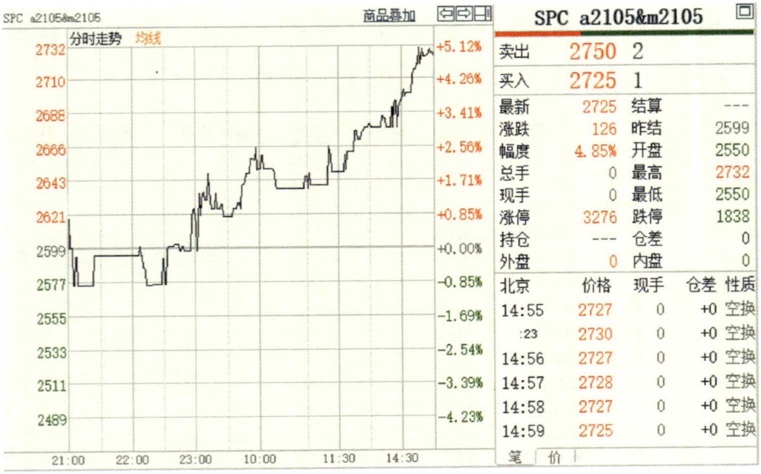

图 15　2021 年 3 月 2 日大豆豆粕跨品种套利合约分时展示

从上面两个例子可以看出，套利合约的命名方式为：“SP 或 SPC” + “A 合约 & B 合约”，其中“SP”代表跨期套利，“SPC”代表跨品种套利交易。下套利指令单时注意，价差 = A 合约价格 – B 合约价格，即前面的合约价减去后面的合约价，当 A 合约价格高于 B 合约价格时，即价差为正数；如果相反，则价差为负数。

在申报套利指令时，同样要输入买卖数量和价格，不过这里的数量并非单个合约，而是成对的合约；价格也并非单个合约的价格，而是前一合约与后一合约的价格差。从图 14 中可见，收盘时买卖双方挂单情况为：买价 170 元 5 手，卖价 172 元 3 手。比如，某交易者申报套利指令为：买进 2 手“SP y2109&y2111”，限价 170 元”，意味着“买进豆油 2109 合约的同时卖出豆油 2111 合约”，两者成交的数量必须相等，且价差不能超过 170 元（即前一合约价必须不高于后一合约价 170 元时才能成交）。下列最终成交回报都是符合要求的：前一合约买进成交 2 手，成交价 7 900 元，后一合约卖出成交 2 手，成交价 7 730 元，差价为 170 元；前一合约买进成交 2 手，成交价 7 901 元，后一合约卖出成交 2 手，成交价 7 731 元，差价为 170 元；前一合约买进成交 2 手，成交价 7 901 元，后一合约卖出成交 2 手，成交价 7 732 元，差价为169 元。

限价 172 元卖出的含义为“卖出豆油 2109 合约的同时买进豆油 2111 合约”，两者成交的数量必须相等，且价差必须不低于 172 元（即前一合约价必须不低于后一合约价 172 元时才能成交）。

综上可知，套利合约的买卖方向与前面一个合约的方向是相同的。

二、曲径通幽处，疑虑共相析

前文曾经指出，期货套利的四种形式分别为“期现套利”“跨期套利”“跨市套利”及“跨品种套利”。下面我们进一步对这些套利形式进行分析和介绍。

1. 期现套利的核心分析——持仓费用

当套利在期货市场与现货市场上同步进行时，称为期现套利。如果期货价格大幅度高于现货价时，也就是期价高估时，买进现货，同时卖出期货的套利行为通常称为“正向套利”；反之，当期价低估时，卖出现货，同时买进期货的套利行为称为“反向套利”。

比如，交易者看到3个月后的大豆期货价比现在现货市场上大豆价格高出许多，于是在买进大豆现货的同时卖出大豆期货。当基差走强到一定程度后卖出现货大豆，同时买进期货大豆平仓，实现套利目的。如果基差反而走弱，该交易者可以采取实物交割的办法来确保获得套利利润。比如，2004年7月期间，上海期货交易所天然橡胶期货合约在交割前几个月价格一直维持在每吨15 000—17 000元，而同期国内现货市场上可交割的国产胶价格大致在每吨13 000元。巨大的差额引起期现套利热潮，大量货物涌向交割库，期现套利交割者基本上都得到了丰厚的利润。

期货价高出现货价多少才能进行套利，或者期货价低于现货价多少可以套利？这一问题是可以通过详细计算来解决的。下面先看正向套利的情况。

正向套利者买进现货在期货市场中卖出交割是会发生费用的，这些费用包括：交易和交割手续费、运输费、检验费、入库费、仓租费、资金利息、仓单升贴水等，可以将这些费用称为“持仓费用”或“持仓成本”。当“期货价格≥现货价格+持仓成本”时，正向套利至少不会亏本。

例如，2020年3月4日，郑州商品交易所尿素期货2005合约价格为1 830元/吨，当日现货价格为1 750元/吨，期货价比现货价高出80元，如果买进现货进行交割，持仓成本将会是多少？

尿素实物交割有厂库交割和仓库交割两种方式，某交易商按照交易所的交割规则分别进行了测算（见表12）。

表 12　　尿素持仓成本计算　　单位：元/吨

	距交割时间	资金利息（7%）	交易及交割手续费	质检费	运费	入库费	仓储费	合计
厂库	70 天	30. 54	1	1	0	0	0/28	32. 54/60. 54
仓库		23. 49	1	1	60	30	28	143. 49

从持仓成本计算表看，若采用厂库交割，成本最少为 32. 54 元/吨，最多为 60. 54 元/吨，主要的差别是仓储费上有所变动。采用仓库交割的话，由于增加了运费和入库费，成本会上升至 143. 49 元。由此可见，当期货价格比现货价高出 80 元/吨时，若可以采取厂库交割方式，套利可以获利，若采用仓库交割的话，不仅赚不到钱，反而会亏钱。

注意，上面的计算中没有考虑增值税的影响因素，当用 1 750 元/吨的价格买进后，尽管在期货中已经以 1 830 元/吨的价格卖出，但因为在交割卖出时必须开发票，而日后交割在之前是不确定的，如果到时交割价就是 1 750 元/吨，那么增值税就是 0；如果交割价为 2 000 元/吨，按 9% 的增值税率计算，增值税为 22. 5 元，即（2 000 − 1 750）×9%，几乎将套利利润消耗大半。

正向套利比较适合商品的生产厂家和贸易中间商，因为生产厂家和贸易中间商的经营目的本来就是卖出商品，由于在现货贸易的组织落实及物流运输方面具有一定的优势，当期货价格较高时通过期货市场出售货物不失为一个较佳的选择。

当期价低估时，可以进行反向套利，就是卖出现货，同时买进期货。因为进行反向期现套利必须具备一系列的条件，所以能够实施的人也就更少了。通常，下面两类人具备这种条件：一类是具有储备功能的现货商，以高价卖出现货的同时买进期货，在期货上买进交割后补库，等于是在最终不影响库存的前提下既降低了库存费，又赚到了一笔差价。另一类是可以借到货的交易者，在付出一笔借货费后，将货物在现货市场以高价卖出，同时买进低价期货，到时进行买进交割并以此归还原来的出借方。

作为实例，不妨回看一下前面“套期保值篇”中的“原则应该坚持，但不能囫囵吞枣”，其中案例 4 讲述的内容为：某铜业公司在期铜基差为正，出现期货贴水状况时，在现货市场上开始加大销售库存的力度，以回收资金，同时每日在期货市场上买入与现货市场上所销售库存数量相等的远期期货合约。数月之后，期货市场价格回升到其预设的目标销售价时，将前期买入的期货合约全部平仓，该公司从而摆脱亏损的困境。

在这个案例中，该公司在期货贴水时通过卖出现货买入期货保持库存，实质上就是在实施反向套利策略。

反向套利是否可行，也得计算套利成本，但反向套利的成本构成方式与正向套利有较大差异，比如入库费、运输费、检验费以及仓储费这些都是不存在的，因为现货上不占用资金，资金占用成本还可能节约一些，如果是借货卖出需要支付出借费，那是另外的项目。

2. 期现套利的反向思维——无套利区间

从上面的讨论中我们知道，当现货价格确定后，只要计算出与期现套利相关的套利成本后，就可以知道现在的期货价格是否可以进行套利。当期货价格高出现货价格时的套利称为正向套利，但可以获利的前提是“期货价格 > 现货价格 + 正向套利成本”；如果“期货价格 < 现货价格 + 正向套利成本”，那正向套利就是不可行的，是会亏损的。显然，“期货价格 = 现货价格 + 正向套利成本”是一条界线，如果将此界线称为上边界，则在上边界线之上可以正向套利，而上边界线之下是不能正向套利的区域。

同理，当期货价格低于现货价格时的套利称为反向套利，但可以获利的前提是“期货价格 < 现货价格 − 反向套利成本”；如果“期货价格 > 现货价格 − 反向套利成本”，那反向套利就是不可行的，是会亏损的。显然，“期货价格 = 现货价格 − 反向套利成本”是一条界线，不妨将该界线称为下边界，在下边界线之下可以套利，而下边界线之上是不能反向套利的区域。

有了上下边界线概念后就可知，当期货价格落在上下边界线之间时是无法进行期现套利的，因此可以将此上下边界线之间的区域称为“无套利区间”。

例如：假定某商品的即时现货价为每吨 10 000 元，而两个月的全部持仓费（包括运输费、检验费、注册费、仓储费及资金利息等）为 300 元，则两个月后的期货合约价的上边界就是 10 300 元。假如交易者能够借到现货并约定 2 个月后归还，同时支付 200 元借货费用，交易交割费用、运输费用、利息费用（注意提前卖出现货有资金收入，冲抵后利息费用很小）等为 150 元，总计为 350 元，则两个月后的期货合约价的下边界就是 9 650 元。因此，无套利区间就是 9 650—10 300 元。

无套利区间的可靠性与上下边界线的准确计算有关。值得注意的是，在金融期货中，无论是上下边界线的计算容易程度还是准确程度，都比商品期货来得高。下面，不妨以股指期货作为金融期货的代表与商品期货进行比较。

在商品期货中，持仓成本的复杂性主要表现在现货端，诸如采购价、运输费、检验费、入库费、仓租费、升贴水，等等，其中采购价与运输费的高低具有一定程度的不确定性，比如对农产品而言，不同的采购商即使在同时进行交易，成本也不可能完全相同。另一个不确定因素是增值税的高低，事前只能大致估计。股指期货对应的现货是一篮子股票组合，由于股市与期货市场同样采用集中性交易方式，对交易者而言，买进或卖出股票组合通过电脑操作即可完成，不存在运输费、检验费、仓租费等。股指期货采用现金交割方式，增值税这一不确定因素自然也不存在。

于是，股指期货正向套利成本或边界计算只剩下四个因素。一是买卖现货指数代表的股票组合需要多少资金。二是套利期间的资金成本费用，费用高低既与利率高低有关，也与时间长度有关，同时还可考虑扣除持有股票期间或许能得到的股票分红。三是考虑买卖时存在的冲击成本（指买进股票时实际成交价高出盘面显示价，卖出时的实际成交价低于盘面显示价）。四是股票及期货交易会产生的交易手续费。对反向套利而言，如果采用融券卖出股票组合方式，则需要增加一项融券费用，但融券卖出后的资金也会有一些利息收益可以抵扣。

例如，沪深 300 现货指数为 5000 点，沪深 300 股指期货还有 2 个月到期，计算上边界时，首先假定借入的资金年利率 6%，期货保证金按 20% 计，则两个月的资金成本为 1.2%，即（1 + 0.2）×1%，预计两个月期间可以收到股票分红为 0.3%，此项为负成本。其次是交易成本，期货基本可以忽略不计，股票买卖来回包括印花税按 0.15% 计算。最后是交易的冲击成本，冲击成本假定为 0.2%。三者合计为 1.25%。那么，正向套利成本为 62.5 点，即 5000 ×1.25%，无套利区间上边界为 5062.5 点。再看下边界，假定融券成本为 8%，则两个月的成本为 1.34%，融券卖出股票的资金中 20% 充当期货保证金，多余的 80% 按资金年利率 6% 贷出，两个月可以获得利息收入 0.8%，但在归还融券时还需支付 0.3% 的股票分红，融券借贷成本为 0.84%，即 1.34% − 0.8% + 0.3%；再加上股票交易手续费 0.15% 及冲击成本 0.2%，三者合计为 1.15%。那么，反向套利成本为 57.5 点，即 5000 ×1.15%，无套利区间下边界为 4942.5 点。

注意，上下边界是随时间变动而变动的。对上面的例子而言，假定沪深 300 股指期货还有 1 个月到期，其他数据都不变，上下边界线也发生变化了。比如，正向套利时，资金成本为 0.6%，即（1 + 0.2）×0.5%，股票分红变为 0.15%，交易成本和冲击成本不变。三者合计变为 0.8%。则正向套利成本为 40 点，即 5000 ×0.8%，无套利区间上边界变为 5040 点。按同样规则可以计算得到下边界变为 4961.5 点。

图 16 为股指期货无套利区间示意，图中的中间曲线代表现货指数，环绕现货指数上下波动的曲线代表期货指数，上下两条曲线就是上下边界。当期指超出上边界时，就是正向套利的机会；当期指位于下边界之下时，是反向套利的机会；上下边界线之间的区域就是无套利区间。从图中可以看到，无套利区间一开始比较宽，随着时间临近期指到期日越来越窄，其重要的原因是随着期指到期时间减少，套利所需要的资金成本越来越低。

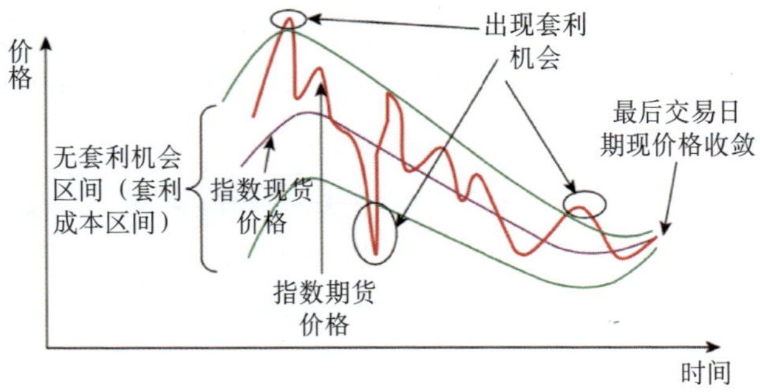

图 16　股指期货无套利区间示意

从无套利区间的计算推导中可知，期现套利的成本中已经包含了所需资金的借贷成本，因此其利润实际是已扣除机会成本后的净利润，是无本之利。因而通常将期现套利称为无风险套利，相应的利润称为无风险利润。

从形式上看，期现套利与套期保值似乎有相似之处，比如同样是在期现两个市场，同样是方向相反，同样是数量相等，甚至同样是时间上同步。两者的区别可以归纳为下面两条。首先，两者在现货市场上所处地位不同，期现套利者与现货并没有实质性的联系，现货风险对他们来说是身外之物；而套期保值者、生产者或者是经营者，现货的风险是无法摆脱、不得不关注的。其次，两者的目的及价位观不同。期现套利交易的目的在于“利”，看到有利可图才进行交易。套期保值的根本目的在于“保值”，即为了避险而进行期货交易。比如对卖期保值而言，担心将来价格下跌而卖出期货，即使现在期价比现价低一些，也会卖出期货进行保值。对期现套利者而言，则会因为无利可图，不可能进行操作。

3. 套利交易的主力军——跨期套利

跨期套利是指在同一交易所内同一品种但不同交割月份的期货合约之间套利。由于其差别主要体现在合约的时间上，故称为跨期套利（Calendar

Spread）或跨时间套利（Time Spread），国内也有译作跨月套利的。这种价差是在同一市场同一品种内发生的，故也称为市场内价差（Intramarket Spread）或商品内价差（Intracommodity Spread）。

比如，上海期交所 8 月期铜价格比 7 月期铜高 120 元/吨时，交易者认为这一价差不合理，并认定价差将会回到每吨 80 元左右。于是，同时买入 7 月合约卖出 8 月合约。一段时间后，价差果然缩小至 80 元/吨。该交易者同时卖出 7 月合约买入 8 月合约平仓，在不考虑交易手续费情况下就获得了 40 元/吨的套利利润。

跨期套利在各种套利交易形式中具有最广泛的应用，可以说已经成为各种套利交易形式中的主力军。之所以如此，与其非常容易进行以及套利机会众多有很大关系。跨期套利在同一交易所同一期货交易账户上进行，不涉及现货，也不涉及其他交易所，简单易行，即使是资金量较小的散户，也可操作自如。再加上各交易所的支持，如单边收取保证金以及提供便捷的跨期套利专用指令通道，跨期套利的王者风范因此得以确立。

我们知道，期现套利是无风险套利，而跨期套利属于风险套利，因此这是两种不同类型的套利。无风险套利当然大家都喜欢，但必须是期货价格在无套利区间之外才能进行，机会相对少得多，一些期货品种在一年内出现两三次机会已属难得，而跨期套利是冒着一定的风险进行的，当前的价差是高还是低，在不同的风险套利者眼中是不同的，这意味着时刻存在套利机会。

期现套利之所以无风险，重要的原因是随着期货合约临近期交割，期货价格与现货价格的差异会逐步缩小，即具有收敛性；而跨期套利交易的两个到期日不一样的期货合约，两个期货合约的价格并不具备收敛性。

比如，上海期交所 8 月期铜价格比 7 月期铜高 200 元/吨时，交易者认为这一价差不合理，于是买出 7 月合约卖入 8 月合约。但是，交易之后价差一直没见缩小，眼看再过几天 7 月合约即将摘牌了，怎么办？

对策一：认赔出场，假定平仓时价差为 240 元/吨，跨期套利结果是每吨损失 40 元。

对策二：将7月合约平仓，留下8月合约，这实际上是将跨期套利头寸转化为单边投机头寸，完全违背了当初套利的初衷，将面临更大的风险。

对策三：买进的7月合约进入交割，拿出全部货款获得金属铜的实物仓单，同时继续持有8月期货空头合约，实际上将跨期套利转化为期现套利。因为涉及交割，“对策三”只有法人账户可以操作。表面上看，这一期现套利锁定了每吨200元的价差，但即使是期现套利，也得计算套利成本！

假定铜期货价格为每吨6万元，将前月合约买进交割至下月合约再卖出交割，首先看资金利息，按照4.8%的年利率成本计算，一个月利率为0.4%，折合利息240元/吨，扣除仓租费、交割费等不算，亏损就已经超过40元/吨，浪费了一个月时间，结果还不如“对策一”，真是“赔了夫人又折兵”！有人可能会提出：如果当时锁定的价差不是200元/吨而是600元/吨甚至更高，“对策三”不就可以了吗？是的，如果真的出现这种罕见的情况，当然可以操作一下。之所以说“罕见”，那是前月合约接近到期时，前月合约的价格类似于现货价，跨月价差仍旧这么高，意味着期现套利的大好机会出现了！

在评估“对策三”时还有两个隐含的风险需要知道。一是不确定的增值税，如果到8月卖出时交割价高于7月的交割价，需要缴纳的增值税是少不了的。二是7月交割接到的期货仓单到8月是不是还在有效期内，这事无法确定，如果恰巧接到的是不能交割的仓单，那麻烦就大了。在商品期货中接到下次不能交割仓单的情况并非罕见，比如在农产品中有新旧粮之分，旧粮仓单的有效期都是有明确规定的。一些人可能又会提出：期现套利不是同样会面临这个问题么？是的，期现套利交易者同样会面临增值税风险，但期现套利交易者通常在现货市场采购并运往交易所注册仓库（厂库）生成新的仓单，只要注册成功，就不存在下月不能交割的风险。

跨期套利的特点是风险不大，但潜在的利润也不高，有些交易者专注于跨期套利，有时赚一点，有时亏一点，积累一定经验后能够实现“胜多败少”，最终成为长期赢家。能够坦然接受小亏损是他们的共同特点，不会因为不甘赔几个小钱而久久恋战，更不会考虑那种增加十几倍的资金且拖上几个月时间的“对策三”。

上面讨论的是远期合约价格高于近期合约价格的情况，这种情况通常称为持仓费市场或正向（常）市场。与其相反的情况是近期合约价格高于远期合约价格时，通常称作反向（转）市场。对跨期套利者而言，正向市场情况下似乎还有持仓费可以作为定量估算依据。如果遇到反向市场，经典的原因解释为：价格差没有限制，取决于近期供给相对于需求的短缺程度，以及购买者愿意花多大代价在近期得到商品供给。也就是说，连定量估算都无法进行了，自然也不存在类似的“对策三”了。

4. 贵圈真乱——跨期套利中的名词术语

在期货交易中，跨期套利的历史几乎与期货交易同样悠久，一些交易者在长久的实践中按照自己的理解和总结，从不同角度提出了各种各样的名词术语，如果对这些术语进行一番考察，不难发现其间的重复交叉之处，对初学者而言带来的感觉就是“乱”。下面看一下其中的一些常见术语，顺便将它们捋一下。

- 价差：远期合约价格减近期合约价格称为价差，但近期合约价格减远期合约价格也叫价差。这一点与基差有所不同。基差的定义是现货价减期货价，定义之后就不会引起误解。然而，在价差上并没有规定，因此当人们说价差时必须先问清楚是“近减远”还是“远减近”，否则很容易出现鸡同鸭讲的局面。

- 价差的变化：价差变化通常用“扩大（widen）”或“缩小（narrow）”来描述。比如，原先的价差为 50 元，后来价差变为 80 元，这就是价差“扩大”，如果价差变为 30 元，那就是价差“缩小”；如果价差变为“－20 元”，那也是价差“缩小”。需要注意的是，度量价差前后变化时，价差的定义应该一致，比如原先采用“远减近”定义的价差，则后面也应该使用“远减近”方法来定义价差。同样，如果一开始采用“近减远”定义价差，则后面也应该使用“近减远”方法。不难明白，价差的定义不同，价差变化的结论正好相反，若以“近减远”定义得出价差“扩大”的结论，换成“远减近”来定义价差，结论就是“缩小”。还有一点可以记住的是，在基差变化的描述中，通常所用的词汇是“走强”或“走弱”而不是“扩大”或“缩小”。

- 正向市场与反向市场：前者指远期合约价格高于近期合约价格，后者指远期合约价格低于近期合约价格。

- 正向套利与反向套利：前者指买入近期合约同时卖出远期合约，也简称为“正套”，后者指买入远期合约同时卖出近期合约，简称为“反套”。需要注意的是，“正套”交易并非一定发生在“正向市场”上，在“反向市场”中也可以进行“正套”交易。同样，在“正向市场”中也可以进行“反套”交易。“正向市场”与“反向市场”描述的是价差的状态，“正套”与“反套”描述的是价差交易的方向。

- 牛市套利（Bull Spread）与熊市套利（Bear Spread）：前者指买入近期合约同时卖出远期合约，后者指买入远期合约同时卖出近期合约。与上面的“正套”“反套”比较一下就能发现两者完全相同，所谓的“牛市套利”就是“正向套利”，“熊市套利”就是“反向套利”。为什么会取“牛市”“熊市”的名称？据说是有人认为：在很多商品期货中，当市场是牛市（看涨的）时，较近月份的合约价格上涨幅度会大于较远期合约价格的上涨幅度，意味着“远减近”的价差会缩小，因此买近卖远进行套利成功的可能性比较大，买近卖远就得名为牛市套利。同样，他们认为在熊市中较近月份合约价格下降的幅度大于较远期合约价格的下降幅度，意味着“远减近”的价差会扩大，因此卖近买远进行套利容易获利，卖近买远即被称为熊市套利。这种说法有道理吗？也许在历史中的某个时期的某些品种上曾经出现过这种情况，但如果以为这是普遍规律，可以照搬套用，那就无异于刻舟求剑。事实上，影响价差变化的因素可以说错综复杂，并非牛市、熊市可以简单归纳的。

• 买进套利（Buy Spread）与卖出套利（Sell Spread）：买进套利是指买进价格较高的一边合约同时卖出价格较低的一边合约；相反，卖出套利则是指卖出其中价格较高的一边合约，同时买进价格较低的一边。注意，现在命名的依据不是合约的远近，而是价格的高低。例如，按照前文的介绍，假如在正向市场时你做正向套利，那就是“卖出套利”，如果做反向套利，那就是“买进套利”，其他各种情况自己可以推断。

• 国内期货交易所套利指令：不妨回看一下前面“交易所的套利指令”这一节。现在可以明白，交易所的跨期套利是按照“近减远”规则对跨期套利价差进行定义的。这意味着价差如果是正值，那就是反向市场，如果是负值就是正向市场。买进价差意味着“买近卖远”，也就是“正向套利”或“牛市套利”，如果这时的价差为正值，意味着买高卖低，就是“买进套利”；如果价差为负值，则是“卖出套利”。相反，卖出价差意味着“卖近买远”，也就是“反向套利”或“熊市套利”，如果这时的价差为正值，意味着卖高买低，就是“卖出套利”；如果价差为负值则是“买进套利”。

5. 跨期套利案例

2021 年 3 月 1 日，鸡蛋期货 6 月、7 月合约的收盘价分别为 4 246 元和 4 640元，远月合约价高于近月，属于正向市场，按“近减远”定义的表观价差为 -394 元，套利者评估后认为 7 月价格高出 6 月已超过 9%，这种情况很难持久，于是在 3 月 2 日通过大连商品交易所价差指令买入 5 张 SPjd2106&2107，成交价为 -390 元。4 月 20 日，6 月合约收盘价 4 436 元，7 月合约收盘价为 4 655 元，表观价差为 -219 元，交易者认为差不多可以择时平仓了，于是 4 月 21 日在价差通道挂出 -190 元平仓 5 张合约的指令，不一会儿就全部成交。该交易者在不计交易手续费的情况下实现盈利 10 000 元，即 $5\times10\times[-190-(-390)]$。

若将两合约的表观价差拆解后比较，可以发现，6 月合约在期间上涨了

190 元，即 4 436 －4 246，而 7 月合约在期间上涨了 15 元，即 4 655 －4 640，近月合约上涨的幅度大于远月合约的上涨幅度。由于是“买近卖远”，自然就赚钱了。

对此，我们可以用图 17 进行说明。

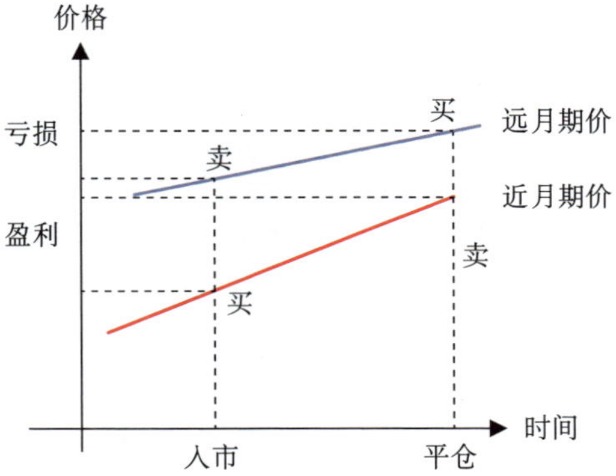

图 17　正向市场正向套利（一）

从图 17 可见，在正向市场中实施正向套利，当期货价格都上涨时，只要近期月份合约价格上涨幅度大于远期月份合约价格的上涨幅度，就能获利。如果价格不涨反跌呢？结论是，只要近期月份合约价格下跌幅度小于远期月份合约价格的下跌幅度，也是获利的。对此可参见图 18 的示意。

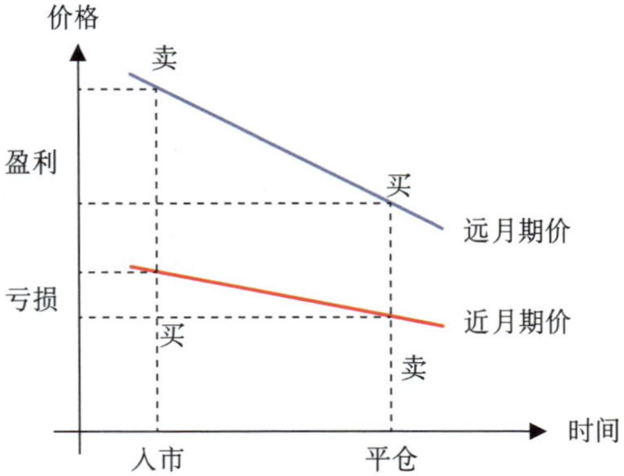

图 18　正向市场正向套利（二）

如果从价差角度分析，图 17 和图 18 显示的共同之处是“远减近”的价差缩小了，当然，如果将价差定义为“近减远”，那就是价差都扩大了。由此不难推断得出结论：正向市场中正向套利时，如遇到“远减近”的价差扩大（“近减远”的价差缩小）就会导致亏损。

前面提到所谓“牛市套利”实际上就是正向套利，从图 17 和图 18 可见，“牛市套利”获利与否取决于价差变化是否符合预期情况，与期价本身的“牛”还是“熊”没有必然联系。

同理，我们可以分析正向市场中反向套利的情况。反向套利是“卖近卖远”，图 19 显示了两种获利情况，其共同点都是“远减近”的价差扩大（“近减远”的价差缩小），或者说，下跌时只要近月跌得更多，上涨时远月涨得更多就能获利。如果未来情况与其相反，就会发生亏损。

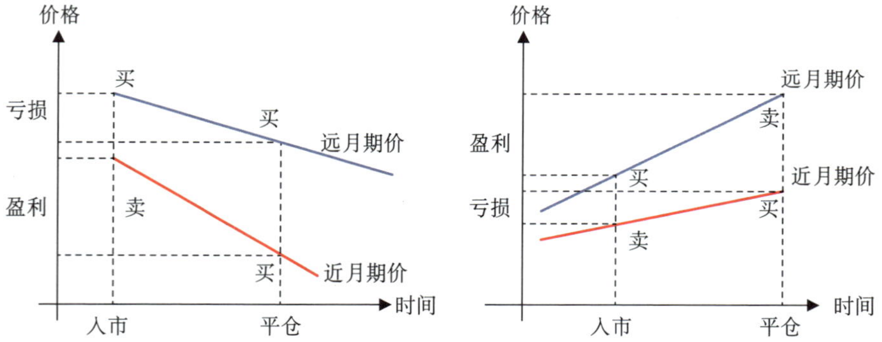

图 19　正向市场中的反向套利

前面的分析都是针对正向市场而言的，反向市场的分析这里不再继续展开。好在原理相同，分析起来也不难，权当留给大家的作业吧。

6. 蝶式套利与跨作物年度套利

所谓蝶式套利（Butterfly Spread），是指由两个方向相反、共享居中交割月份的跨期套利组成。蝶式套利的原理与跨期套利一样，是利用同一商品但不同交割月份之间的价差来获利；不同之处在于，蝶式套利交易涉及三个交割月份的合约，即近期、远期和居中3个月份，相当于两个跨期套利的组合。蝶式套利的具体操作方式是：买入（或卖出）近期月份合约，同时卖出（或买入）居中月份合约，并买入（或卖出）远期月份合约，其中居中月份合约的数量等于近期月份和远期月份数量之和。这相当于在近期与居中月份之间的牛市（或熊市）套利和在居中月份与远期月份之间的熊市（或牛市）套利的一种组合。因近期和远期月份的期货合约分别居于居中月份的两侧，形同蝴蝶的两个翅膀，故也称为蝶式套期图利。

例如，买入2份5月小麦期货合约、卖出4份9月小麦期货合约，同时买入2份12月小麦期货合约，这可以看作一个正向套利（买入5月合约，卖出9月合约）和一个反向套利（卖出9月合约，买入12月合约）的组合。

又如，卖出2份5月玉米合约、买入6份7月玉米合约，同时卖出4份9月玉米合约，这可以看作一个反向套利（卖出5月合约，买入7月合约）和一个正向套利（买入7月合约，卖出9月合约）的组合。

从理论上看，蝶式套利的风险和利润都比普通的跨期套利低。

跨作物年度套利（Intercrop Spread），是根据新作物年度期货合约价格一般低于上一作物年度期货合约价格的特点，利用新旧作物年度农牧产品期货合约的价差来赚取利润的套利交易。跨作物年度套利从形式上看仍旧属于跨期套利，与一般的跨期套利相比，不过是增加了一个条件，就是两个合约分别处在两个不同的作物年度。

作物年度是指从农作物大量收获月的第一天到次年收获月的前一日这一段时间。例如，美国小麦、燕麦的作物年度从7月1日到次年6月30日；棉花作物年度从8月1日开始到次年7月31日；大豆从9月1日开始，玉米从10月1日开始。由于作物年度关系，农产品期货便有新、旧产期货之分。旧产期货是在次年农产品收获之前到期的合约，因其交割月在收获季节之前，只能以上年度所产农产品办理交割。新产期货是以新产农产品办理现货交割的期货合约。例如，郑州商品交易所小麦合约有1月、3月、5月、7月、9月、11月几个交割月，9月合约开始就有新小麦可以交割了，于是规定，只有去年和今年收获的小麦才能进行交割，前年收获的小麦不能进行交割。

影响新旧作物年度期货合约价格的主要因素包括上年度结转库存量、来年的收成情况、消费量以及未来的需求量等，套利者可以根据这些因素来预测新旧作物年度期货价格差异是否正常，从而寻找套利机会。如果预期旧作物年度价格相对于新作物年度价格上涨，套利者就可以买进旧作物年度的期货合约，同时卖出新作物年度的期货合约；反之，则买进新作物年度的期货合约，卖出旧作物年度的期货合约。

7. 跨品种套利

跨品种套利（Intercommodity Spread）是指在两个不同但相关联的商品之间套利。具体来说就是在买入或卖出一种商品期货合约的同时卖出或买入另一相关联的商品期货合约，并在未来某一时间同时将两种期货合约对冲平仓的交易。

跨品种套利的前提是两个品种之间尽管有区别，但应该具有重要的共同影响因素或在用途上具有较高的相互替代性。比如，燃料油、汽油、航空油这些油类产品，尽管用途不一样，但都是石油生产的，它们的价格都会受到石油价格的影响。又如玉米和小麦，不仅都是农产品，而且在使用上都可用作食品加工及饲料，并且在很大程度上具有可替代性。此外，原材料商品和其产成品之间的价格具有很高的相关性，比如，豆油、豆粕都是大豆加工产品，螺纹钢生产的重要原材料有铁矿石和焦煤，在这些原材料品种与其制成品之间进行套利交易，就称为商品产品套利（Commodity Product Spread）。不难发现，按照产品之间的关联情况，有时跨品种套利涉及的期货品种可能超过两个，比如：交易商按比例买进大豆期货，同时卖出豆油期货和豆粕期货；

或者相反，卖出大豆期货，同时买进豆油期货和豆粕期货，这也是跨品种套利。

在时间结构上，跨品种套利涉及的期货合约月份基本上是相同的，这是一种同时关系，而跨期套利涉及的期货合约月份具有时间上的先后关系。

在风险与收益上，跨品种套利通常比跨期套利更多一些。尽管跨品种套利的品种之间具有一定的相关性甚至依赖性，但毕竟是不同的品种，仍旧具有各自的差别与特点，当其中的一些差别与特点受到特定因素的刺激，价差的波动将会非常大。

与跨期套利一样，国内一些期货交易所，如郑州商品交易所和大连商品交易所，在跨品种套利上也提供了专用通道，交易者可以利用专用通道中的跨品种套利指令，既得到了便捷交易的好处，又可以享受保证金优惠。大连商品交易所的跨品种套利指令前缀是 SPC，郑州商品交易所跨品种套利指令的前缀是 IPS。截至 2021 年 4 月，两家交易所共推出了 9 对跨品种套利组合（见表 13）。

表 13　大商所和郑商所提供的跨品种套利配对组合

序号	品种组合	说明	交易所
1	硅铁和锰硅	同属于铁合金	郑州商品交易所
2	棉花和棉纱	棉花是原材料	郑州商品交易所
3	玻璃和纯碱	纯碱是原材料	郑州商品交易所
4	PTA 和短纤	PTA 是原材料	郑州商品交易所
5	豆一和豆粕	豆一是原材料	大连商品交易所
6	豆二和豆粕	豆二是原材料	大连商品交易所
7	玉米和玉米淀粉	玉米是原材料	大连商品交易所
8	聚乙烯和聚氯乙烯	同属于塑料	大连商品交易所
9	豆油和棕榈油	同属于食用油	大连商品交易所

值得注意的是，尽管已有两家期货交易所提供了一些跨品种套利指令，但数量并不算多。国内 4 家期货交易所目前交易的品种中，可以进行跨品种

套利的有很多，交易者可以借助一些软件商提供的套利交易软件进行。下面列举一些市场上比较流行的套利配对组。

- 钢材系列

钢铁生产中最重要的原料就是铁矿石，其次是焦炭。生产 1 吨生铁，大约需要 1.5—2 吨的铁矿石，以及 0.4—0.6 吨的焦炭。因此，钢铁的价格基本上取决于铁矿石与焦炭的价格，由于成本比重关系，钢铁与铁矿石的相关性更强，与焦炭的相关性次之。螺纹钢和热轧卷板都是钢材，原材料成本相近，因此两者价格具有较好的相关性。热轧卷板是一种钢板，以板坯为原料，加热之后进行粗轧和精轧后产出。作为一种重要的钢材，热轧卷板广泛应用于基建、船舶、汽车等领域。螺纹钢则主要用于建筑。由于下游消费市场具有差异，两者短期的供需关系会有不同。从这些介绍中可以想到，跨品种套利既可以在螺纹钢和铁矿石、焦炭之间进行（比如按一定的配比买进螺纹钢同时卖出铁矿石和焦炭，或者相反），也可仅仅在螺纹钢和铁矿石之间进行。在上述组合中，以热轧卷板代替螺纹钢也可以。同样，螺纹钢和热轧卷板之间也存在套利机会。

- 焦煤与焦炭

焦煤是焦炭的上游产业，按照现在的生产技术，1.3 吨焦煤可以产出 1 吨焦炭。因此，两个价格之间存在较强的相关性强，可以进行跨品种套利。

- 大豆与豆油、豆粕

大商所已经提供了大豆和豆粕之间的跨品种套利指令，但作为大豆压榨产品，豆粕仅是其中一种，另外一种产品是豆油。一般而言，100% 大豆可以出产 18.5% 的豆油和 80% 的豆粕，剩余 1.5% 为损耗。按照三者的期货市场价格，交易者可以计算出期货大豆的压榨利润（减去正常的生产成本）。如果理论压榨利润明显高于正常压榨利润，表明大豆价格偏低，高额利润将会刺激压榨厂加大采购生产力度，增加豆粕和豆油的供给。套利者买进大豆合约，同时按比例卖出豆油和豆粕进行套利，此举通常称为“大豆提油套利”。套利之后如果期货压榨利润回到正常区间，套利就会获利。反之，若理论压榨利润明显低于正常利润甚至亏损，这也不正常，表明的是大豆价格偏高，压榨商持续下去的难度较高，正常的反应就是降低压榨产量，减少豆粕和豆油的供应量。针对这种情况，套利者卖出大豆合约，同时按比例买进豆油和豆粕进行套利，此举通常称为“反向大豆提油套利”。套利之后，如果期货压榨利润回归正常区间，套利就会获利。

- 豆油、棕榈油与菜籽油

大商所已经提供了豆油与棕榈油的跨品种套利指令。然而，郑商所的菜油同样属于食用油，菜油与豆油或棕榈油之间某种程度上可以成为替代品。豆油的原料大豆主要产自美国、巴西和阿根廷，棕榈油则一般产自印度尼西亚和马来西亚。在不同地区气候差异等因素的作用下，豆油与棕榈油的价差往往会出现较大波动。菜籽油由于营养更为丰富且原料价格高，其价格一般高于豆油，两者的价差一般较为稳定，当两者价差受到季节性气候等影响时，也会出现套利机会。郑交所除了有菜油品种外，还有菜粕，菜粕与豆粕同样可作为动物饲料，两者之间也存在套利机会。

- 石油化工产品系列

上海国际能源交易中心的石油原油交易已推出多年，除此之外还有低硫燃料油期货，上海期货交易所的燃料油、沥青期货，以及大商所的塑料、PVC、PP、苯乙烯期货，这些品种都是石油加工后的制成品。石油价格的涨跌自然会影响这些产品的价格，然而由于各品种在生产供能及需求端上各有特点，彼此之间的价差也会处于波动中，因而形成众多的套利机会。

8. 高难度的跨市套利

在期货市场上，有许多交易所在交易相同或相似的期货商品，例如，在美国有多家交易所交易小麦，芝加哥期货交易所、大连商品交易所都进行大豆期货交易，伦敦金属交易所、上海期货交易所和纽约商业交易所都进行铜、铝等有色金属交易。跨市套利（Intermarket Spread）就是指在某个交易所买入（或卖出）某一交割月份的某种商品合约同时，在另一个交易所卖出（或买入）同一交割月份的同种商品合约，以期在有利时机分别在两个交易所对冲在手的合约获利。

跨市套利的基本原理与跨期套利是相同的。

一般来说，同一品种在不同交易所的期货价格关系通常是比较稳定的。这是因为由于合约到期后要进行实物交割，如果两个交易所同种商品的期货价差不合理，套利者就会通过从价格相对较低的交易所买入期货，同时在价格相对较高的交易所卖出期货，然后等合约到期时进行实物交割，将前者低价买入的商品用于后者高价卖出，从而获利。在实际操作中，套利者并不需要持有合约至交割，当价差发生有利变化时即可平仓获利。

跨市套利的条件是两个交易所开设同样的品种交易，在国内尽管目前有4家期货交易所（上海国际能源交易中心归属上海期交所），但基本遵循一个品种只在一家期货交易所挂牌，交易所之间没有相同品种，因此交易者也就无法在国内进行这种套利交易。如果不限于相同品种，如前面介绍的“螺纹钢和铁矿石、焦炭”套利，螺纹钢在上海期交所交易，而铁矿石和焦炭在大商所交易，这个跨品种套利差不多也可算跨市套利了。

因此，目前国内交易者的跨市套利交易基本上是在境内外不同的交易所之间进行的。常见的品种有上海期交所与伦敦金属交易所（LME）或美国COMEX的期货铜品种，除此之外，上海期交所与伦敦金属交易所（LME）之间有多种相同的金属商品，如铝、锌、铅等，大连商品交易所与芝加哥期货交易所的大豆品种也是专业套利者关注的品种，上海国际能源交易中心与芝加哥商业交易所（CME）同时进行原油期货合约交易，价格相关性较强，也会产生套利机会。

跨市套利是在境内外进行，而境内外交易所的合约规则存在较大的差异，因此在实施时必须将这些差异彻底搞清楚。比如，芝加哥期货交易所大豆的标准品为美国2号黄大豆，替代品为1号黄大豆（升水6美分/蒲式耳）或者3号黄大豆（贴水6美分/蒲式耳）；交易单位为每张合约5 000蒲式耳；报价方式为美分/蒲式耳。大连商品交易所（DCE）有黄大豆1号和2号两个合约，其中2号大豆比较接近美国大豆的交割品质，标准品规定为粗蛋白（湿基）≥34.5的大豆，粗蛋白（湿基）在33.5（含）至34.5之间则贴水50元/吨；交易单位为每张合约10吨；报价方式为人民币元/吨。

1蒲式耳大豆=27.2154公斤，5 000蒲式耳=136.077吨，即CBOT的一张合约等于大连商品交易所的13.6张合约。由于每吨合36.744蒲式耳，如果要将（美分/蒲式耳）换算成美元/吨，只要乘以（36.744蒲式耳/吨）（美元/100美分）即可。比如，CBOT 1 500美分/蒲式耳的大豆价格，相当于1 500×36.744/100=551.16美元/吨。

由于货币单位或度量单位不一样，在利用历史数据进行图表分析时，无法采取前面经常提及的价差分析法，解决之道是采用价格比率法，不妨回看前文的“老马识途——套利分析的图表”，图11“沪铜连三与伦敦铜电3的比价图”就是一张典型的价格比率图。

跨市套利通常也被划分为正向套利和反向套利两种，划分的依据是贸易流向，如果套利方向与贸易流向一致，称为正向套利。例如，国内铜以进口为主，在LME做多同时在上海期货交易所做空，这样的开仓交易称为正向套利，因为其与中国铜的贸易流方向一致。相反，如果在LME做空，同时在上海期货交易所做多，则称为反向交易。

相对于其他几种套利交易而言，跨市场套利是一种更复杂、涉及风险因素更多的套利方式。首先，跨市套利涉及不同的交易所，尽管是相同品种，但不同的交易所，尤其是涉及跨境交易所在合约设计、交易规则上存在较大差异，对交割商品的要求也不尽相同。其次，境内套利者喜欢进行正向套利，因为正向套利与贸易流一致，即使套利不顺，也可以实施实物交割，将货物运至国内销售，但不难明白，进口贸易远比国内贸易复杂，将新增报关、关税及海运等一系列环节，而增加的环节越多，面临的意外风险也会增加。最后，由于涉及不同的货币，增加了一项汇率变动风险，还记得前面图11和图12的例子吗？“沪铜连三”与“伦敦铜电3”的比价从8.3左右一路下跌至

7.2，如果当初实施正向套利，即买进伦铜卖出沪铜，将会大亏一笔，亏损的真正原因是人民币汇率的升值。不妨设想一下，如果套利入市后恰逢人民币汇率贬值，那结局将会完全相反。

显然，跨市套利交易者必须具有更强的专业性，事实上，在跨市套利中比较活跃的交易者通常也都是一些具有专业背景的贸易公司。对一般交易者而言，没有金刚钻最好还是不要去揽这个瓷器活。当然，作为增加知识，学习了解一下跨市套利的原理和方法还是可以的。

三、正视套利交易的风险

都说套利交易的风险比较小，具体表现是每次交易的盈亏都不大。但交易者应该明白，这个结论非常笼统，存在着不少“盲点”。实际上，不同类型的套利风险及盈亏度是不同的，既有期现套利这种无风险的套利，也有风险度较高的跨品种套利。从交易角度看，风险大小还与资金使用的杠杆大小有关，如果杠杆倍数极高，原本低风险的套利也会变成高风险交易。

1. 一次套利亏掉了40多万元

2006年3月3日，网友“骆驼1978”在网站“集思录”上发布了一篇题为“关于商品期货套利的一次深刻教训”的帖子，内容如下：

我说一说2012年我在棕榈油/菜籽油上套利的故事吧。

我们知道，在商品期货中，三大油脂（豆油、棕榈油、菜籽油）价格走势具有很高的相关性，使用替代性也很强，如果两个品种价格差距拉得过大，势必产生替代效应，使价格收敛。

理论上没错，但如果用来做期货就错了。

2012年5月份，菜油1209和棕榈1209合约的价差达到2 000元，过去历史上价差均值是 1 200 元左右，大幅偏离了吧？棕榈油太便宜了吧，商贩得用棕榈油替代菜籽油做调和油了吧？套利的机会来了吧？

别慌，我是理工男，不会被这点表象欺骗。于是，我打开国外网站，查询鹿特丹和温哥华两地菜籽油和棕榈油的 FOB 价格（加拿大和欧洲是油菜籽的主产区），换算成人民币以后，只有 600 元的价差，看来套利是可行的！

于是，灾难从此开始。我从价差 2000 点开始建仓（多棕榈，空菜油），结果后来两个月价差进一步拉大。我呢，像个“价值投资者”那样一直补仓，死扛到 8 月，价差拉到 3 500 元，最后被迫斩仓出局，累计亏损 40 多万元，体重下降 3 公斤。

作者在期货市场有很长的交易经历，其交易经历中既有成功也有失败，这篇帖子陈述了一次失败的跨品种套利交易，具有典型意义。

跨品种套利者通常采取三步。首先看历史价差图表，看看历史均值与极值，然后看现在的价差处于什么状况，如果价差大幅偏离均值，尤其是在历史极值附近，通常会认为行情提供了出手套利的机会。正如上文作者所述：“菜油 1209 和棕榈 1209 合约的价差达到 2 000 元，过去历史上价差均值是 1 200 元左右，大幅偏离了吧？棕榈油太便宜了吧，商贩得用棕榈油替代菜籽油做调和油了吧？套利的机会来了吧？”这就是一种发现套利机会的思路。

第二步是查看一下现货市场情况进行验证是否属于可以出手的套利机会，比如作者特地“查询鹿特丹和温哥华两地菜籽油和棕榈油的 FOB 价格（加拿大和欧洲是油菜籽的主产区），换算成人民币以后”，发现“只有 600 元的价差”，于是得出结论：“看来套利是可行的！”。

第三步是在确定可以属于套利机会时制定交易计划并落实。比如，“从价差 2000 点开始建仓（多棕榈，空菜油）”。作者没有采取一步建仓法，而是采用了分步建仓法，可见其还是比较谨慎的，知道应该在资金分配上留有余地，当价差进一步偏离时有足够的资金加仓。可惜到最后还是被迫斩仓出局，累计亏损 40 多万元。

纵观这次失败套利的全过程，似乎每一步都合情合理，但结局却如此不堪，问题出在哪？归根结底是当初没有想到，价差居然被拉到历史上前所未见的 3 500 元。由此可以想到，依赖历史均值、历史极值作为交易依据，实际上是基于统计套利方法。问题是，当一些新的或者特殊因素出现而导致两个合约的价差结构发生本质变化时，很可能会从中飞出一只“黑天鹅”，或者从统计学上看就是出现了小概率事件。

图 20 是 2007 年 10 月至 2021 年 5 月 15 日菜油指数与棕榈油指数周差价，尽管指数是所有期货合约的综合价格，与当初套利的 1209 合约价格有一定的差异，但从中还是可以看出大致端倪。从图中可见，2012 年那波差价的高度前所未有，而且一直没有被超越。交易者在当初看到 1209 合约的价差达到2 000元，大幅高于 1 200 元的历史均值，正是统计套利的思路。另外，不得不指出，菜油期货和棕榈油期货都是在 2007 年才开始交易，当初所谓的历史数据只有 4 年多，从统计意义上看，这样的样本数据明显偏少，不得不说也是个缺陷。

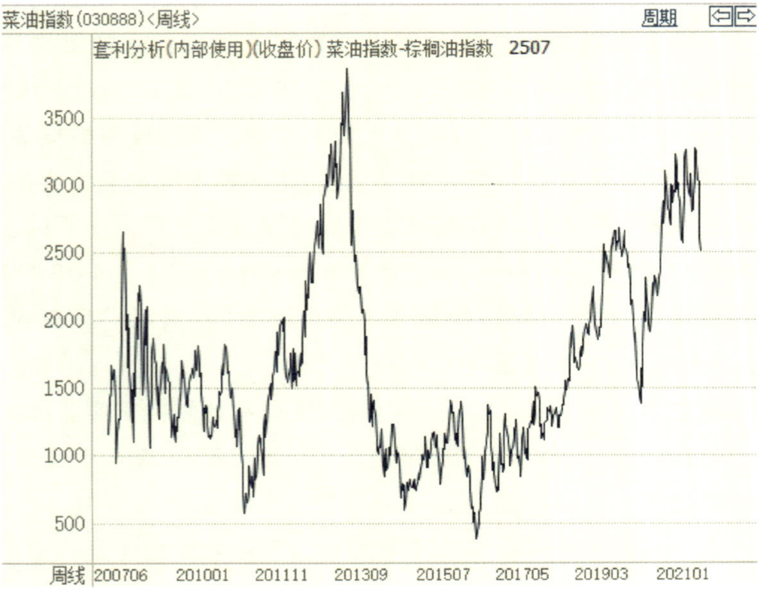

图 20　菜油指数与棕榈油指数周差价（2007 年 10 月—2021 年 5 月 15 日）

从交易者的回顾看，其当初也做过一些基本面分析，比如，以鹿特丹和温哥华两地菜籽油和棕榈油的 FOB 价格作为差价的计算之锚，并以此推算国内的合理差价。问题是这样的分析太粗糙了，因为国内棕榈油几乎全部依赖进口，除国际市场价之外，附加影响因素相对较少，而油菜籽在国内以自产为主，政府为支持和保护农民的利益，会采用有保护的收购价或财政补贴等形式，再加上压榨企业也在国内，影响因素显然更多，也更复杂，在当初的这些影响因素叠加下终于走出一波离谱行情。

从图 20 中还可看到，菜油和棕榈油的价差在 2013 年 5 月初达到顶峰后终于走上了回归之路，且在 2014 年 8 月中旬真的又回到了 600 元，所有这些，当初怎么预料？如果追问究竟什么是套利的风险，最好的回答就是：这种无法预料的结局就是风险！

套利者在两个 1209 合约上套利，从价差 2 000 元开始到价差 3 500 元斩仓离场，每吨最高损失 1 500 元。如果回查一下两个合约的走势，可以发现，菜油 1209 合约至 5 月 15 日再到 8 月底，最低价为 10 190 元，最高价为11 300 元，相差 1 110 元；而棕榈油 1209 合约同期的最低价为 7 410 元，最高价为 8 270元，相差 860 元。这意味着什么？意味着当初若在菜油上投机，方向做反了最大亏损为每吨 1 110 元，如果在棕榈油上投机，方向做反了最大亏损为每吨 860 元。看到这里，你还敢断言跨品种套利的风险小于单边投机吗？

2. 机会与风险——玉米与玉米淀粉套利

玉米期货与玉米淀粉期货合约先后自 2004 年 9 月 12 日和 2014 年 12 月 19 日在大连商品交易所上市交易。由于玉米淀粉是玉米的加工品，与玉米之间具有成本约束关系，自上市之后就吸引了套利交易者的关注。

在原材料与产成品之间进行跨品种套利，基本原理是从较长时期考察，生产商可以获得正常的加工利润。如果加工商购进原材料加工成产成品后无法获得正常利润甚至是亏损，表明原材料价格贵了或者是产成品价格低了，此局面持续下去必然导致加工商减少，甚至退出生产。如此一方面会导致原材料需求减少从而导致价格下跌，另一方面又会由于产成品供应减少而导致价格上涨，最终会恢复加工商的加工利润。反之，如果加工利润很高，一方面会由于原材料需求上升而导致价格上涨，另一方面会由于产成品供应量剧增而导致价格下跌。

图 21 为 2020 年 11 月 20 日中国淀粉工业协会（CSIA）在其网站上发布的 2019—2020 年山东地区玉米淀粉利润情况。从图中可见，加工利润的盈亏波动起伏具有阶段性，并且盈亏状况与两者（玉米—淀粉玉米）之间的价差非常明显。基本上当价差缩小时，会出现加工利润，当价差扩大时，出现亏损。

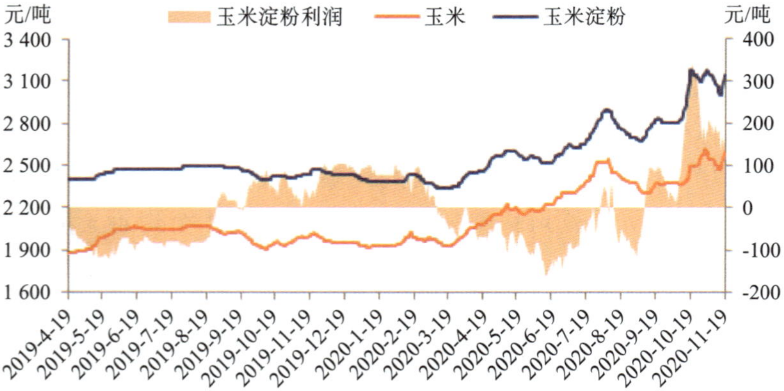

图 21　2019—2020 年山东地区玉米淀粉利润情况

当我们以图 21 说明玉米淀粉与玉米套利的原理时，应该注意到此图中的价格是山东地区的现货价格，而不是期货价格。期货价格与现货价格是既有联系但又不同的两种价格。首先，期货价格是远期价格，而现货价格是即期价格，两者存在着时间差异。其次，在任一确定的时刻，期货价是唯一的，而现货价由于地域不同，山东地区的玉米价格与东北主产区的价格不尽相同，各地区政策支持力度也不同，比如东北地区一度对玉米深加工企业实施补贴政策，生产企业按照各自的渠道和方式采购原材料，既有按市场价格就地采购当地玉米的，也有使用进口玉米的，还有参与国家储备玉米拍卖活动的，彼此之间的价格实际上是不同的。图中的价格实际上是山东地区众多相关企业经过统计后的平均值。对不同企业而言，不仅实际采购玉米的价格不尽相同，且玉米淀粉的售价也是有差别的。在实际利润方面，由于各企业的规模、技术及管理上有差别，利润自然也是不同的。一般认为，将玉米加工出玉米淀粉，除了可以获得 68.5%—70% 的淀粉产出外，还有很多副产品，比如玉米蛋白粉、玉米胚芽、玉米纤维等，如果进一步深加工，还可以将淀粉糖化制淀粉糖等。一些企业的设备技术相对先进，自然可以在深加工上获得更多的利润。

在玉米期货和玉米淀粉期货之间套利属于期货中的跨品种套利，其实，玉米加工企业也会通过调节生产节奏争取更多收益。比如，在加工利润较高时，提高开工率，通过降低产品库存甚至通过优惠预售方式积极推销玉米淀粉，同时在玉米采购上加大力度，争取更多的库存；而在加工利润较低或亏损时，降低开工率，减少玉米库存。控制开工率的高低实际上也是加工企业的一种“套利”方式。

图 22 是自玉米淀粉期货上市交易至 2021 年 5 月底期货玉米指数与玉米淀粉指数价差情况。从图中看，吨价差幅度分布在 –100 至 –600 元，震荡幅度为 500 元左右。有人认为合理的价差为 –300 元/吨，如果考虑 500 元震荡幅度的一半，差不多中枢价为 –350 元/吨。

粗略一看，你会感觉玉米和玉米淀粉两者之间套利很容易。价差在 –100 元时做空，即卖出玉米同时买进玉米淀粉，价差在 –600 元时做多，即买进玉米同时卖出玉米淀粉，可以保证稳赚不赔！但真的这么容易吗？未必！

假定认为历史上的 –100 元和 –600 元这两个极值进行套利是安全的，一直等着它们出现，但可惜的是自从 2015 年出现过之后就再也没有出现过，n 年时间的守株待兔，行得通吗？也许你会想到，对历史极值点打一个折扣，套利机会就多了。有道理！折扣打得越多，入场机会就越多。比如，上下各

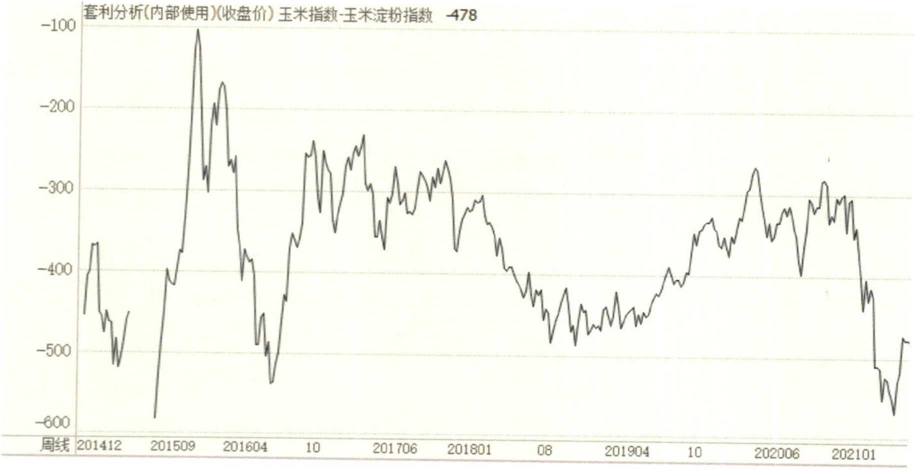

图 22　玉米指数与玉米淀粉指数价差

让个 100 元，在价差 –200 元和 –500 元时入场，就指数差价图而言，2016 年有几次入场机会，且都能获利，后面一直到 2021 年才出现一次 –500 元的入场机会。如果上下各让个 200 元，在价差 –300 元和 –400 元时入场，就指数价差图而言，几乎年年都有入场机会。但问题是入场机会增多并不意味着都是盈利机会。比如，2018 年 4 月初，指数价差下穿 –400 元，当你做多时，一路被套，直到 2019 年 7 月指数价差才回升至 –400 元上方，问题是这些期货合约最长都不超过 1 年。不妨看一下当初的 1809 合约价差图（见图 23），2018 年 2 月底价差下破 –400 元，略微反弹后逐浪下跌，到交割时价差还在 –500 元之下。

折扣越小，风险越小，但入场机会也少；放大折扣，入场机会增多，但风险增加。也许有人会想到，采用分批下单的方法，比如，在价差 –400 元时入场，价差分别达到 –450 元、–500 元、–550 元、–600 元时加仓，可以兼顾入场机会和风险度。想法不错，有时也能起到作用，但必须明白，这并非获胜保证券，对此，只要对着图 23 演示一下这个策略就能明白。

上述这些都昭示着：原材料产成品之间的套利也是有风险的。

图 23　玉米 1809 合约和玉米淀粉 1809 合约价差

3. 跨期风险小？疯起来吓死人！

都说期货跨期套利的风险比较小！从大多数期货品种看，的确有这个特点，比如铜期货、股指期货、黄金等这些市场规模较大的品种，跨期价差基本上都是在一定的范围内波动，稍有出轨，强大的套利者队伍便会蜂拥而上将价差压回正道。然而，有一些新推期货品种，由于运作历史较短，庞大的套利者队伍尚未形成，如果恰逢该品种出现较大的行情，投机力量趁机在主力合约上推波助澜，当其他不同月份合约走势与主力合约不同步时，极易出现不合理的跨期价差。套利者看到这些价差时认为这是难得的套利机会，出手之后方知价差也会“发疯”，而且疯起来会要命的。

2011 年 1 月 17 日，是棉花 1101 合约最后交易日，1 月 18 日，棉花 1201 合约挂牌，收盘价为 26 100 元/吨。当日，棉花 1109 主力合约收盘价为 29 200 元，两相比较，1201 合约居然比 1109 合约低了 3 100 元。典型的反向市场！但是 3 100 元的价差实在太离谱，几乎是 1201 合约价格的 12%！自 2004 年 6 月 1 日郑州商品交易所推出棉花期货以来从未见过这么大的价差！

离谱的价差就是动员令，套利交易者纷纷入场，买远卖近，进行反向套利以锁定这 3 000 元。当日，1201 合约成交 6 141 张，持仓达到 4 805 张。要知道这可是 1201 合约的首个交易日，在正常情况下，刚挂牌的新合约通常都是交易量低迷，十天八天能够使得持仓达到 4 000 多张就不错了。

接下来的 3 个交易日，价差不仅没有缩小（按绝对值计），反而天天扩大，1 月 21 日，这是 1201 合约挂牌的第四个交易日，价差变成 -3 505 元。与首日相比，套利者已经损失了 405 元/吨。当日收盘，1201 合约的持仓跃升至 16 886 张，基本上反映了老的套利者在坚守，新的套利者在不断加入。

表 14　郑商所棉花 1201 合约与 1109 合约价差表

时间	1109 合约收盘价（元/吨）	1201 合约收盘价（元/吨）	价差（远 - 近）（元）	1201 合约持仓（张）
1 月 18 日	29 200	26 100	-3 100	4 805
1 月 19 日	29 685	26 475	-3 210	8 303
1 月 20 日	29 640	26 395	-3 245	9 982
1 月 21 日	30 875	27 370	-3 505	16 886
1 月 24 日	32 120	27 780	-4 340	21 651
1 月 25 日	31 505	27 145	-4 360	21 861
1 月 26 日	31 510	26 750	-4 760	22 560
1 月 27 日	32 635	26 905	-4 730	23 777
1 月 28 日	32 230	27 125	-5 105	28 042
1 月 31 日	32 810	27 145	-5 665	31 086
2 月 1 日	33 725	27 600	-6 125	31 876
2 月 9 日	33 180	28 660	-4 520	38 439
2 月 10 日	33 585	29 695	-3 890	48 046
2 月 11 日	33 795	29 775	-4 020	50 012
……	……	……	……	
9 月 15 日	20 250	21 395	1 145	60 630

1 月 24 日，1109 合约上涨 1 245 元，而 1201 合约仅上涨 410 元，价差一下跳跃至 -4 340 元，套利者当日增加亏损 765 元/吨。2 月 1 日是春节长假前

最后一个交易日，价差居然达到闻所未闻的 -6 125 元！与首日相比，10 个交易日套利者每吨亏损 3 025 元！

要知道，交易所对套利交易是采取保证金优惠措施的，通常是按照合约价格较高的一边收取，合约价 3 万元，假定按 8% 的比例收取，那就是每吨 2 400元左右。每吨亏损 3 025 元是什么概念？那就是“爆仓”。当然，由于交易所实行每日盯市结算，不可能让你“爆仓”。在这 10 个交易日中，每天的亏损都需要动用资金补足，如果不能及时追加保证金，就会遭到强行平仓。1 月 24 日套利者一天亏损近 800 元/吨，差不多是保证金的三分之一！不难想到，在后面的 7 个交易日中，几乎天天都有原本信心满满的套利者被迫割肉离场。套利！套利！结果几天内连自己的本金都被套走了！

2 月 1 日的价差达到 -6 125 元，这是什么概念？这意味着 1109 合约价比 1201 合约价（27 600 元）高出了 22.2%，即 6 125/27 600！为什么会出现如此离谱的价差？还得回过头去看看当初的炒作背景。

2010 年初，棉花期货指数大致在 16 000 元/吨左右，与 2009 年相比，这一价格已经算上了一个台阶，差不多回到了 2008 年全球金融危机前的水平。然而，各地不利于棉花播种和生长的气候消息陆续而至，美国农业部预计纺织企业对棉花的消费量将较产量高出 13%。9 月初，向上行情爆发，棉花指数价格从突破 18 000 元开始进入爆涨阶段。在此阶段，尽管政府采取了增加进口配额、抛售储备棉等增加供应的措施，交易所也采取了一系列降温措施，但仍旧挡不住棉花市场的牛气。11 月 10 日，棉花指数创下 33 578 元的新高后，在大量进口棉将集中到港及国内新棉陆续上市消息引领下，棉花期货开始惨烈调整，10 个交易日棉花指数暴跌了 9 000 多元。然而，在 11 月 29 日，当棉花指数创下 24 100 元的阶段性最低价后，上涨行情又恢复了。流传的消息有几条；一是新棉上市，产量和质量均不如往年，收购市场现货依旧保持抢购人气，纺织企业节前备货，现货价格经过前阶段回调后稳中略涨。二是国际棉花咨询委员会（ICAC）于 12 月 1 日发布的最新报告称 2009/2010 年度全球棉花库存下降了 25%，是近 7 个年度以来的最低水平，预计 2010/2011 年度纺织用棉量仍将稳定在 2 460 万吨。三是从反映国际棉花价格的 Cotlook A 指数看，棉花价格微幅回调后继续上涨，如换算成人民币价格，则高于国产棉价格。

这就是棉花 1201 合约新上市后价格严重低于 1109 合约的背景。按炒家们的逻辑，2010 年棉花种植面积不足，且遭遇天灾，价格狂涨，势必导致国家在 2011 年增加棉花种植面积，棉农的种植积极性也会大幅提高。11 月左右新棉上市，1201 合约可以交割，而 1109 合约是新棉上市前的一个合约，还可以放胆一炒。但这个逻辑实在是太荒唐！只要想一想，纺织企业或棉花流通企业多多少少都会有一些自己的库存，当这些企业明知 2011 年 11 月左右新棉上市后棉花价格更低，难道不会在 1109 合约上提前高价释放库存，再在新棉上市后低价补库吗？炒家们可以逞一时之能，但希望与市场作长期对抗就是痴心妄想。

荒唐的理由终究站不住脚，尽管价差从一开始的 -3 000 多元暴跌到 -6 000多元，使得较早进入的套利者亏损累累，一些资金不足的套利者因顶不住被迫割肉，但价差越跌，新进的套利者就更多，几乎形成前赴后继之势。当价差创下 -6 000 多元后，终于步入回归之途，尽管在过程中还有反复，但回归的力量是无敌的！7 月中旬，价差终于恢复至正值，套利者也因此在这波价差回归中获得了丰厚的利润（见图 24）。

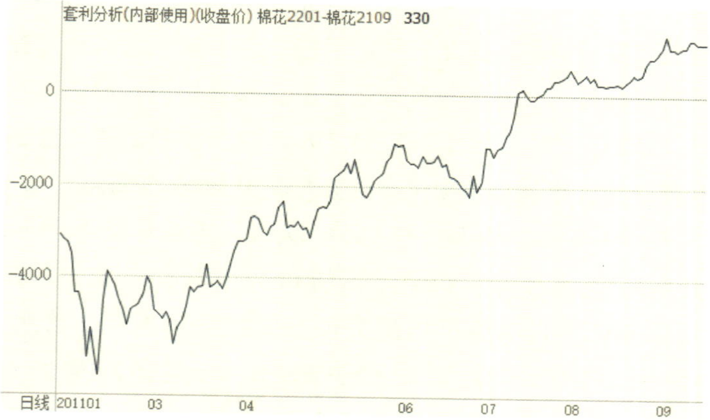

图 24　棉花 1201 合约与 1109 合约日收盘差价

4. 双焦套利，疯起来不得了！

大连商品交易所于 2011 年 4 月 15 日推出焦炭期货，又于 2013 年 3 月 22 日推出焦煤期货。焦煤期货合约是每张合约 60 吨，而焦炭期货合约是 100 吨。两合约的最后交易日都是交割月第十个交易日。焦煤是用来炼焦炭的煤，焦炭是通过高温把焦煤中的苯、萘、煤焦油等提炼出去后的产品。用于期货交割的焦煤必须是经过洗煤厂洗选后的精煤，其具有足够的结焦性，而焦炭的主要用途是高炉炼铁或有色金属冶炼。

有很多交易者热衷于在焦炭与焦煤间之间进行跨品种套利，以及在焦炭或焦煤中进行跨期套利。之所以如此，与这两个品种的价差波动相对较大有关系。价差波动大意味着风险大，这似乎有悖于套利的特征。但事实上交易者的风险偏好与风险承受能力是不一样的。一些交易者的确因为对单边投机的高风险比较厌恶而热衷于套利交易，但如果套利品种的价差波动太小，整天盯着亏不了多少钱，也赚不了多少钱，也会提不起劲。在这种心态下，差价波动较大品种或许更符合他们的胃口。

下面不妨通过几张焦炭、焦煤的跨品种及跨期差价图来体会一下它们的风险大小。

图 25 是最近 2016—2021 年焦煤 5 月合约与 1 月合约日价差走势。图中有 5 个矩形，每个矩形的上方都有标注，第一个标注“1705 - 1701”，含义为 2017 年 5 月合约与 2017 年 1 月合约的差价，所有矩形截取的时间都是从 8 月到 12 月，不考虑 8 月之前的情况是因为 5 月合约的交易量不大，同样，不考虑 1 月的数据是因为 1 月合约已经进入交割月，不仅交易量少而且个人账户不允许继续持仓。

图 25　2016—2021 年焦煤 5 月合约与 1 月合约日价差走势

从图 25 中可见，1705 合约与 1701 合约的价差从最高 20 元到最低 –380 元，相差 400 元；1805 合约与 1801 合约的价差从 –120 元到 70 元，相差 190 元；1905 合约与 1901 合约的价差从 15 元到 –300 元，相差 315 元；2005 合约与 2001 合约的价差从 –35 元到 –105 元，相差 140 元；2105 合约与 2101 合约的价差从 –100 元到 100 元，相差 200 元。

在度量价差套利风险时，必须将价差波动幅度与合约价格自身的大小结合起来看，不妨将价差套利风险定义为：价差波动幅度/合约价格。比值越高，风险越大。比如，品种甲的价差波动幅度在套利期间为 1 000 元，品种乙的价差波动幅度在套利期间为 500 元，初看似乎品种甲更厉害，但如果品种甲自身价格为 50 000 元，而品种乙自身价格为 10 000 元，则品种甲的套利风险度为 2%，即 1 000/50 000，而品种乙的套利风险度为 5%，即 500/10 000。显然，品种甲的套利风险更高。

下面不妨看一下图 25 中价差波动幅度最大（400 元）的 1705 合约与 1701 合约的情况。在其套利有效时间内，最初时间（2016 年 8 月）两合约价差大致在 850 元左右，后来在 11 月时 1701 合约一度突破 1 650 元。如果以平均价 1 250 元代表合约价，价差波动幅度/合约价 =32%，即 400/1 250。这意味着什么？意味着当价差套利保证金收取单边合约的 8% 时，如果套利方向做反了，最高可以亏掉 4 倍的保证金！当然，如果做对了方向，最大可以赚取保证金的 4 倍！

图 26 是 2016—2021 年焦炭 5 月合约与 1 月合约日价差走势，解读方法与图 25 相同。从价差波动幅度比较看，与图 25 的焦煤基本一样，波动幅度最小的是 2005 合约与 2001 合约，其次为 2105 合约与 2101 合约。波动幅度最大的为 1705 合约与 1701 合约，刚开始的 8 月初价差约为 -10 元，但在 12 月底价差高达 -670 元，最大波动幅度高达 660 元。同样，如果考察一下当时两合约的自身价格，8 月初收盘价大致在 1 100 元左右，但是到 12 月底 1 月合约收盘价一度达到 2 220 元。同样，如果以高低均价计，均价为 1 660 元。价差波动幅度/合约价 =40%，即 660/1 660，同样，若以 8% 的保证金比例看，最大可以亏（赚）5 倍的保证金！

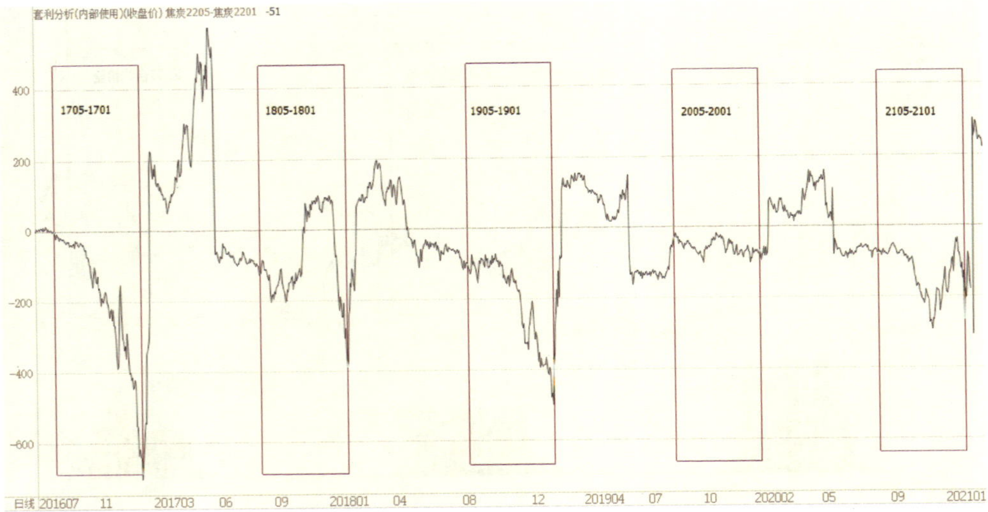

图 26　2016—2021 年焦炭 5 月合约与 1 月合约日价差走势

下面再看焦炭和焦煤之间的跨品种套利。首先要注意的是这两个合约的规格不一样，焦炭是每张合约 100 吨，焦煤是 60 吨。在实施套利时，两个合约的配对可以按照 6 张焦炭合约与 10 张焦煤合约（双方都是 600 吨）进行，或最小按照 3 张焦炭合约与 5 张焦煤合约（双方都是 300 吨）进行。

图 27 是 2018—2021 年焦炭—焦煤 1 月合约日价差走势。一些交易者喜欢采用焦炭/焦煤价格比率走势图，也可以。图 27 中同样因为考虑交易量因素以及避免进入交割月，在时间上仅选取 8 月至 12 月间的差价。通过计算可知，1901 合约的差价波动为 600 元；2001 合约的差价波动为 300 元；2101 合约的差价波动为 750 元。在对应的时间段内，以价格较高的焦炭价格计算，1901 合约均价大致为 2 400 元；2001 合约均价大致为 1 950 元；2101 合约均价大致为 2 500 元。如此不难算出：1901 合约价差波动幅度/合约价 =25%，即 600/2 400；2001 合约价差波动幅度/合约价 =15%，即 300/1 950，2101 合约价差波动幅度/合约价 =30%，即 750/2 500。

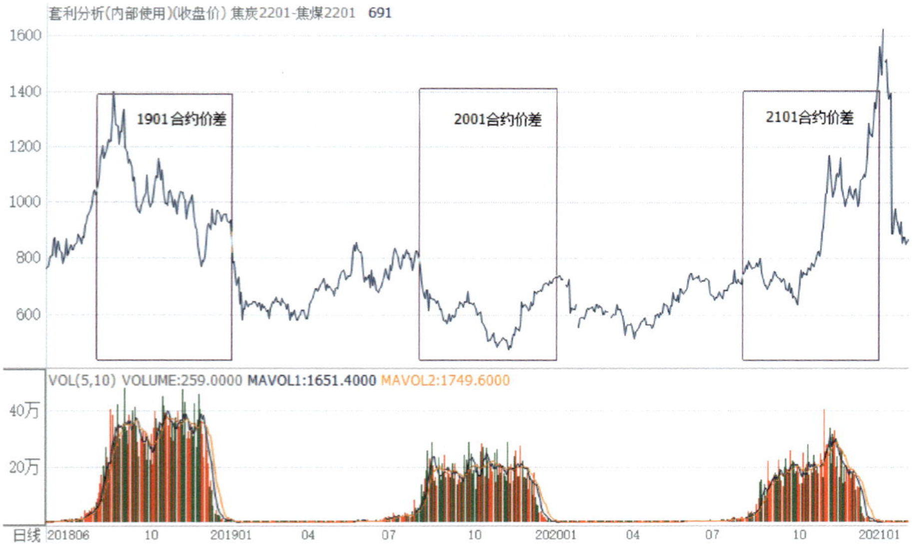

图 27　2018—2021 年焦炭—焦煤 1 月合约日价差走势图

从以上的介绍可以明白，在焦炭、焦煤间跨品种套利，或者在其单个品种中跨期套利，风险都不小。套利方向做对了，那是你的“绝代双焦”，做反了，就会成为你的“绝代双煞”。

5. 危险的杠杆

看了前面的一些案例，你可能会想：3 倍 4 倍的保证金都可能亏光，为什么那些专家还要说套利交易是低风险交易？

这个问题应该这样看，期货品种有很多，既有商品期货也有金融期货，前面举的一些例子都是商品期货，在金融期货中基本上不会出现价差大幅波动的情况。从全球范围看，2020 年金融期货交易量占比高达 80%，商品期货不到 20%，由于我国仍然是商品期货为主，如果排除计算，金融期货占比高达 90%。即使是商品期货，也并非都会出现价差大幅波动的情况，比如上海期货交易所的有色金属（铜、铝、铅、锌、镍、锡）及黄金、白银期货，价差波动率都很低。因此，从所占比重看，“套利交易是低风险交易”这一说法还是具有普遍意义的。

比较容易出现较大价差波动风险的品种是农产品期货或与农产品有关联的期货品种，这与农产品自身具有季节性因素有一定的关系。工业品可以连续生产，价差波动风险小得多，为什么同属于工业品的“双焦”的价差波动率这么大？这是个值得探索的问题，也许与其在产业链中的地位比较特殊有关，也可能与目前期货参与者队伍的结构有关。金融期货产品的价差波动率通常是最低的，以至于一些套利者望盘哀叹，太小的波动率使得套利机会减少了。

当然，由于交易者之间存在着资金、技术、交易策略及能力上的差别，面对同样的行情，是否存在套利机会或机会的大小也是不一样的。比如，同样是几个点的价差波动，一般的散户是不敢做或者不愿意做，而那些凭借量化交易策略及相对低廉手续费的交易者不仅非常乐意，而且可以获得利润。

但是，在套利者的互相竞争下，套利者的利润会越来越小，这也是不争的事实。

为提高收益率，那些对冲基金的套利者通常会采取两种方式：一种方式是采用高频交易，一些机构使用计算机程序替代人工进行高频套利交易，在各个市场全面出击，通过高胜率及聚沙成塔的积累效应获得可观利润；另一种就是加杠杆，通过杠杆化交易获得较高收益是一些对冲基金习惯的方式。比如，某对冲基金凭借10亿元的自身资金进行套利交易一年可以获得6 000万元，收益率为6%，但基金投资者对这一收益率是不会满意的，基金经理也赚不到多少钱，假定该基金通过融资渠道拆解到50亿元资金，年利率为2%，投入交易后也是6%的收益率，扣除利息后可以净得2亿元，这样该基金的年收益高达2.6亿元，也即实现了26%的收益。

大家都知道，杠杆是把“双刃剑”，一旦交易失败，亏损也是成倍增加的。为什么基金还是乐此不疲呢？就是有信心呗。的确，那些对冲基金经理个个都在资本市场中久经征战，他们凭借以往成功的经验、强大的研发团队以及顶尖的专业设备，最不缺少的就是自信心。尽管他们知道这纷纷扰扰的金融市场是复杂多变的，但在自认拥有“独门暗器”的自信心下，不敢用杠杆那就是标准的懦夫。结果呢？金融市场也常常给这些勇士回报，这种回报也是对他们高杠杆作为的进一步鼓励。然而“终日打雁，终被雁啄”这句至理名言也不会落空，厄运往往是在自信心爆棚之时不经意到来，高杠杆成了夺命追魂之器。下面，不妨看一看美国长期资本管理公司的案例。

芝加哥人约翰·梅里韦瑟（John Meriwether）在大学毕业后于1974年进入所罗门兄弟公司（Salomon Brothers）从事债券交易。他对当时尚未流行的计量学技术情有独钟并将其应用在债券交易中。1977年，公司专门成立了从事债券套利的部门并由梅里韦瑟负责，很快这个部门便成为全公司最盈利的部门。随着名声的扩大，梅里韦瑟的研究方法被很多公司模仿和复制，他也因此被人尊称为“点石成金”的华尔街债券套利之父。

1991年，梅里韦瑟离开所罗门兄弟公司，并于1993年发起成立长期资本管理公司（LTCM），基金的出资人除了梅里韦瑟外，还有他的一些旧部。耀眼的是，后来在1997年获得诺贝尔奖的斯科尔斯和默顿，还有美国前财政部副部长及联储副主席莫里斯（David Mullins）也加盟了。如此阵容，难怪被人称为“梦幻组合”。1993年底，在美林证券的帮助下，LTCM从企业主、社会名流，甚至私立大学基金处获得了数亿美元的资金。

LTCM成立之初，资产净值为12.5亿美元，凭借着优秀的业绩，到1997年末，资产已上升至48亿美元，净增长2.84倍。1994—1997年的年投资回报率分别为：28.5%、42.8%、40.8%和17%。由于一步步放大对财务杠杆的利用，LTCM的资产总额在1996年已飙升到1 400亿美元，比其自有资本整整高了30倍，比当时美国最大的共同基金还要大2.5倍，与当时第二大对冲基金相比，规模大了4倍。

LTCM的收益率之所以高，秘密就在于充分利用财务杠杆扩大套利规模。LTCM凭借着明星团队的影响力，不愁借不到钱。当时，向LTCM提供融资的银行有55家之多，各家银行生怕落后，纷纷自相杀价。LTCM非常巧妙地利用银行急于赚取服务费的心理，在交易时也只愿缴纳极少的保证金。1995年，其金融衍生工具的总规模已经达到6 500亿美元，而2年以后，这一数字达到12 500亿美元。

LTCM的投资策略是“市场中性套利”，具体而言是“通过电脑精密计算发现不正常市场价格差，资金杠杆放大，入市图利”。斯科尔斯和默顿将金融市场历史交易资料，已有市场理论、学术研究报告和市场信息有机结合在一起，形成了一套较完整的电脑数学自动投资模型。他们利用计算机处理大量历史数据，通过连续而精密的计算得到两种不同金融工具间的正常历史价格差，然后结合市场信息分析它们之间的最新价格差。如果两者出现偏差，并且该偏差正在放大，电脑立即建立起庞大的债券和衍生工具组合，大举套利入市投资；经过市场一段时间的调节，放大的偏差会自动恢复到正常轨迹上，此时电脑指令平仓离场，获取偏差的差值。

1998年，危机降临亚洲金融市场，LTCM模型认为：发展中国家债券和美国政府债券之间利率相差过大，预测两者之间差距会缩小，于是利用从投资者处筹来的 22 亿美元作资本抵押，买入价值 3 250 亿美元的证券，杠杆比率高达 60 倍。

在 1998 年 5 月，LTCM 的噩梦开始了。当月，该基金亏损 6.42%，6 月又亏损 10.14%，两个月的亏损使 LTCM 的资本减少了 4.61 亿美元。在金融危机中，大量金融机构的套利交易都面临亏损而斩仓，这使得本来就被认为不合理的基差进一步扩大。7 月，所罗门兄弟也被迫退出套利交易业务，使得危机进一步加剧。在亏损扩大时，由于资金短缺，LTCM 被迫将一些本来很有希望赚钱的套利头寸在不利时点上解仓，使得亏损进一步加大。

由于国际石油价格下滑，俄罗斯国内经济不断恶化。8 月 17 日，俄罗斯宣布卢布贬值，停止国债交易。此举引起了国际金融市场的恐慌，投资者纷纷从新兴市场撤出，转持风险较低、质量较高的美国和德国政府债券。8 月 21 日，美国 30 年期国债利率下降到 20 年来的最低点，同期，德国债券价格上涨，收益率降低，意大利债券价格下跌，收益率上升，原本预期的价差不仅没有收敛，反而进一步扩大，LTCM 因此两头亏损。8 月底之前，LTCM 已亏损 18.5 亿美元的资本，走向破产边缘。

进入 9 月，LTCM 的亏损还在一天天扩大，LTCM 的筹资自救努力均告失败。本来，对美国而言，LTCM 破产算不上什么，但现在华尔街担心的问题是 LTCM 还持有大规模的套利头寸，一旦这些头寸在市场上开始平仓，将会引发许多市场的连锁反应，从而导致美国整个金融体系的灾难性亏损。情急之下，美联储只能打破以往的“不干涉”立场，亲自出面组织金融机构债权人对 LTCM 的情况进行紧急会商。9 月 23 日，在美联储出面组织安排下，以美林（Merrill Lynch）、摩根为首的 15 家国际性金融机构与 LTCM 达成协议，由这些金融机构注资 37.25 亿美元购买 LTCM 90% 的股权，共同接管该公司。LTCM 的共同出资人获得 10%、价值约 4 亿美元的股份，但这些钱全部用于偿还债务，他们曾以自有资金投资 LTCM 的 19 亿美元，也全都消耗殆尽。

6. 造化弄人——长期资本公司退资风波

1997 年最后一季度，如日中天的 LTCM 宣布了令人震惊的减资决定，其理由是好的投资机会变得越来越难找，相对于投资机会而言，基金的资金实在太多了，当时掌握的资金接近 70 亿美元，几乎和美林证券持平。减资的计划是 1997 年底，将 1994 年开业之前投入的原始投资在该年度所获得的全部利润，以及以后投入的全部资本金及其应分配的利润，一次性全部退还给投资者，但 LTCM 及公司员工的投资并不在此列，这还不包括那些比较大的战略投资者。

计划一公布就引发了很大的争议，即使在内部也有反对的声音，比如两位学术大师就都是持反对意见者。投资者更是极度愤怒，纷纷指责 LTCM 无视投资者的利益，一心只为自己打算。他们要求将钱留下来，但都被拒绝。

尽管 LTCM 意识到投资机会减少而以减资来应对并非没有道理，但 LTCM 减资之后，资产规模并没有缩减，这意味着财务杠杆被进一步扩大。因此，减资背后的实际逻辑是：即使同等交易规模下收益率降低，但通过迫使外部投资者收回资金，LTCM 的合伙人扩大了自己在 LTCM 当中的份额，自有资本的收益率仍旧可以维持，其隐含的前提自然是仍旧对以往的交易策略充满自信。现在，LTCM 通过利用个人财务杠杆、公司财务杠杆和基金本身财务杠杆三位一体的互相关系，极大地扩大他们的资金规模，当然，所积欠的债务也达到了惊世骇俗的水平。

然而，在接下来不到一年的时间里，长期资本管理公司崩解坍塌。当初那批苦苦哀求留在 LTCM 没有成功而被强制退出的投资者，曾经因为丢失了“宝马”而极端愤怒，没承想正是这一强制行为挽救了他们，使他们成为十足的幸运儿；而在当初退资减资行动中，一些待遇比较优惠、获准保留较多投资的“幸运者”，最后都亏了钱。

至于那批当时可以全额保留资金的幸运者，如 LTCM 的投资、公司员工的投资，以及那些比较大的战略投资者的投资，最后的结局都是血本无归。真的是造化弄人！截至 1998 年 4 月，最初投入长期资本管理公司的每 1 美元投资累计增值了 4 倍，达到 4.11 美元，但到了救助行动开始的时候（仅仅过了 5 个月时间），最初投入长期资本管理公司的每 1 美元投资就只剩下区区 33 美分了。和华尔街大多数银行的员工一样，LTCM 员工们的报酬，主要来自年终奖金。由于 LTCM 员工大多将这部分奖金作为投资投进了自己的公司，最后都落了个血本无归。员工们纷纷哀叹，“我们亏掉了自己所有的钱，最后落个一场空”！

后　记

历经五年多的辛勤工作，《“讲故事　学期货”金融国民教育丛书》终于与读者见面了！

《“讲故事　学期货”金融国民教育丛书》用图书的方式，打造了一套具有标识性的投资者教育产品，在系统、全面介绍期货行业全貌、入市应知应会的基础上布局亮点，力图用通俗易懂的语言、生动有趣的故事案例将期货知识介绍给读者，尽量避免深奥的理论阐述。

本丛书由中国期货业协会期货投资者教育专项基金资助。中国证监会投资者保护局、期货部自始至终关注期货业协会投教基地的建设和投教新产品的推出；协会领导对丛书编写工作给予高度重视和大力支持；洪磊会长多次对编写工作给出指导意见。中国期货业协会投资者教育与保护委员会部分委员参与了丛书评审。中国财政经济出版社负责出版工作。

本书由刘仲元负责主要撰稿任务，王晓芬等在不同阶段参与了具体撰写工作。

鉴于水平所限，呈现给大家的书稿可能仍未达到期望。在此，我们诚恳地向读者征求意见和建议，以便在以后修订的过程中继续提高。如有错误疏漏之处，敬请读者批评指正。

“讲故事　学期货”金融国民教育丛书编写组

2021 年 10 月